Acerca de Este Libro

Mucho se ha escrito sobre la vida después de la muerte,
tanto en tratados de filosofía y misticismo, como en
estudios científicos sobre la sobrevivencia de la personalidad al morir. En los últimos años ha crecido la incidencia de
casos de personas que han sido declaradas muertas oficial-
mente y que luego han vuelto a la vida. Muchas de estas
personas regresan de su roce fugaz con la muerte relatando
historias inverosímiles de figuras crísticas o angelicales,
túneles de luz, música y colores indescriptibles y ciudades
y paisajes de belleza sin igual. También van en aumento los
casos de personas que se han encontrado flotando fuera de
sus cuerpos sin razón alguna. Lo que todas estas estas personas tienen en común es la convicción de que la vida no
termina con el cuerpo y que existe otra existencia trascen-
dental después de la muerte. Y sobre todo, que la personalidad consciente de cada individuo existe independientemente
del cuerpo y del cerebro.

En este libro Migene González-Wippler nos explica
con admirable lógica y lucidez las diferentes teorías sobre
la vida después de la muerte. Explora a fondo las experiencias de personas que han sido revividas y describe
extensamente las prácticas del espiritismo y la teoría de la
reencarnación.

Este estudio en sí es un libro completo sobre la vida después de la muerte. Pero esto es sólo el principio porque lo más fascinante de este libro extraordinario es su segunda parte. Es en ésta donde la autora introduce a un personaje inolvidable llamado Kirkudian, quien relata de forma cándida y emotiva sus diversas existencias durante un ciclo de encarnaciones que comienzan con su nacimiento en una lejana galaxia y culminan con su última existencia en el planeta tierra. Cada una de sus experiencias en distintos sistemas solares, sus sufrimientos y su búsqueda incesante de su gran amada, Verdigris, son relatadas por Kirkudian con una sinceridad tan conmovedora que estremece el alma.

Pero decir más sería robarle al lector el placer de experimentar por sí mismo las deliciosas sorpresas de este libro sin igual. Lean pues, y conozcan a Kirkudian, a quien no olvidarán jamás.

Sobre la Autora

M igene González-Wippler nació en Puerto Rico y tiene grados académicos en sicología y antropología de la Universidad de Puerto Rico y Columbia University en Nueva York. Ha trabajado como redactora científica para la División de Interciencia de John Wiley, el Instituto Americano de Física y el Museo de Historia Natural en Nueva York. También como Editora Asociada de inglés para las Naciones Unidas en Viena, donde vivió durante muchos años. Es la destacada autora de numerosos libros sobre religión y misticismo, entre los cuales se encuentran los muy aclamados, Santería: La Religión; El Libro Completo de los Amuletos y Talismanes; Sueños y lo que Significan para Usted; y Una Kabbalah Para El Mundo Moderno.

❧ ❧

Peregrinaje

La Vida Después de la Muerte

❧ ❧

Migene González-Wippler

1993
Editorial Llewellyn
St. Paul, MN 55164-0383

Arte de Portada por Clyde Duensing, III
Diseño de portada por Christopher Wells
Diagramación y diseño por Marilyn Matheny
Redacción Jenny Wilson

PRIMERA EDICION 1993
Primera Impresión 1993

Library of Congress Cataloging-in-Publication Data

González-Wippler, Migene
      Peregrinaje : la vida después de la muerte / Migene
González-Wippler
            p.   cm.
      ISBN 1–56718–330–1
      1. Future life. 2. Spiritualism 3. Reincarnation. I. Title.
BL535.G66 1993   93–44592
133.9' 01' 3—dc20   CIP

Editorial Llewellyn
Una División de Llewellyn Mundial Ltda.
P.O. Box 64383, St. Paul, MN 55164-0383

Este libro es para Nikolas
en la luz

Otros Libros por la Misma Autora

En Inglés:

The Santeria Experience
The Complete Book of Amulets and Talismans
The Complete Book of Spells, Ceremonies and Magic
Dreams and What They Mean to You
A Kabbalah for the Modern World
Rituals and Spells of Santería
Santería: The Religion
Santería: African Magic in Latin America
Pataki: Legends of Santería
Tales of the Orishas
The Seashells
Powers of the Orishas

En Español:

Santería: Magia Africana en Latino America
Una Kabbalah Para el Mundo Moderno
Sueños y lo que Significan Para Usted
El Libro Completo de los Amuletos y Talismanes
La Magia y Tu
La Magia de las Piedras y los Cristales

Tabla de Contenidos

SEGUNDA PARTE: KIRKUDIAN

Prefacio

Una de las preocupaciones más obsesivas del ser humano es la fragilidad de su cuerpo y la inescapable realidad de que un día éste ha de dejar de existir. ¿Qué sucede después del trauma inevitable de la muerte?. ¿Continuamos existiendo en otro mundo, un mundo invisible, más tenue, desconocido?. ¿O acaso al exhalar el último aliento, nuestra personalidad, nuestra mente y todo lo que somos también deja de existir?. ¿Y aquellos que se han marchado a ese mundo tenebroso y misterioso, volveremos de nuevo a verlos, a encontrarnos con ellos, a reanudar relaciones, amistades, cariños, amores con seres que fueron parte de nuestras vidas, que dejaron su huella indeleble para siempre en nuestros corazones?.

Para encontrar una respuesta a estas preguntas, que son en realidad una sola fragmentada en mil ecos, se han creado grandes escuelas de filosofía, se han escrito excelsas obras y se han formulado profundos conceptos de teología.

Tanto la religión como la ciencia han escudriñado a fondo la terrible incógnita, y sus enseñanzas han revelado una infinidad de posibilidades todas igualmente fantásticas.

¿Qué es lo que hemos aprendido a través de casi dos millones de años de existencia en este planeta?. ¿Qué nos dice la ciencia sobre la vida después de la muerte?. ¿Qué explicación nos dan las diferentes religiones?. ¿Qué esperanza nos provee la extraña ciencia mística que se conoce como espiritismo?. ¿Qué nivel de credulidad podemos darle a las promesas del espiritismo?. ¿Cuáles son sus creencias y prácticas?. Estas y otras preguntas sobre el tema de la vida después de la muerte serán exploradas en este libro.

Aunque no es fácil mantener una actitud objetiva ante un tema tan subjetivo como lo es la sobrevivencia de la personalidad, esta autora ha tratado de enfrentar las diferentes temáticas dentro del tópico con la mayor imparcialidad y discernimiento posibles. Los diversos estudios y descubrimientos científicos mencionados en el texto son de relevancia para el tópico en general y pueden ser fácilmente verificados.

La primera parte del libro estudia de forma objetiva el tema de la vida después de la muerte. La segunda parte es una exploración subjetiva ficcionalizada de la experiencia de un espíritu a través de diversas encarnaciones, las cuales en conjunto se llaman "peregrinaje." Las dos partes del libro son tan completamente distintas entre sí que se puede casi decir de que se trata de dos libros en uno. Pero en realidad no es así. Cada parte es simplemente la misma teoría expresada de una forma diferente.

No es la intención de esta autora presentar un concepto rígido y dogmático sobre lo que sucede después de la muerte. Después de todo, sobre un tema tan diáfano e intangible es prácticamente imposible cimentar un dogma.

Mi intención ha sido más bien la de explorar el tema a fondo, usando simples conceptos científicos que se aprenden en grados primarios. No hay en el libro nada nuevo, sólo una forma nueva de presentar y de adaptar viejos conceptos. Y no faltarán lectores sagaces que retarán mis teorías alegando que es posible encontrar dentro de la ciencia conceptos famosos que tienden a sostener la idea de que después de la vida no existe nada. Y esa teoría es tan válida como la mía. Sólo intento demostrar que existe suficiente evidencia científica, y no científica, para teorizar que la vida después de la muerte es, no solamente posible, sino también probable. Y Aristóteles nos demostró con gran ingenio que lo probable es lo que generalmente sucede.

A continuación le presentaré al lector, no sólo una serie de conceptos fascinantes, sino también a un personaje, igualmente seductivo, que conjuntamente tratarán de demostrar lo que sucede después de la muerte.

PRIMERA PARTE:
TEORÍA

Capítulo 1

❧ ❧

¿Qué Sucede Después de la Muerte? Una Teoría

Una de las leyes más básicas e importantes de la física es la primera ley de termodinámica. Esta ley, la cual se nos enseña en los grados primarios, nos dice que la materia no puede ser ni creada ni destruida. Puede cambiar su forma pero no su esencia. Este cambio puede ser de orden físico, o de orden químico. Por ejemplo, un pedazo de papel puede ser partido en varios pedazos, pero cada pedazo sigue siendo papel. Este es un cambio físico de la materia que es el papel. Por otra parte, si el papel, en vez de partirse en pedazos se quema, la materia que compone el papel es transformada por el proceso químico de combustión quedando dividida entre los diferentes átomos que forman el papel. Estas diferentes partículas se dispersan en la atmósfera quedando en nuestras manos sólo ceniza. Esto, sin embargo, no quiere decir que la materia del papel fue destruida. Lo que sucedió fue que los distintos componentes de la materia se separaron, pero siguen existiendo individualmente a nuestro alrededor aunque no los veamos. La materia del papel ya no existe como papel, pero todas las partículas que formaron el papel siguen existiendo. No se ha perdido nada. La materia del papel no fue destruida, sólo transformada. Esto que no puede ser destruido es la energía electromagnética que forma el átomo, el cual es parte de todo lo que existe.

Todo en el universo está basado en esta energía radiante, electromagnética, que no puede ser destruida. Esta energía se manifiesta a través del átomo, el que es compuesto de dos partículas principales: el protón, de carga eléctrica positiva y el electrón, de carga eléctrica negativa. En el centro del átomo está el núcleo, el cual es neutral. Dentro del núcleo están los electrones. A su alrededor, en orbitas minúsculas, los protones revuelven constantemente. La cantidad de electrones y protones que forman un átomo es lo que determina los distintos elementos y las diferentes manifestaciones de la energía que se conoce físicamente como materia.

El elemento más simple que existe es el hidrógeno, con un solo protón y un solo electrón en su núcleo. El elemento oxígeno contiene 16 protones y electrones en su átomo. Dos átomos de oxígeno y un átomo de hidrógeno nos dan una materia visible que todos conocemos: el agua corriente. Si el agua se calienta hasta hervir, los átomos de oxígeno e hidrógeno que la forman, se separan a través del proceso de evaporación. Ya no vemos la materia física que es el agua, pero los átomos que la formaron siguen existiendo aunque no los veamos. Eventualmente varios de ellos volverán a unirse a través del proceso de condensación y se manifestarán de nuevo físicamente en el fenómeno familiar de la lluvia. Esto es lo que nos quiere expresar la primera ley de termodinámica cuando nos dice que la materia no puede ser ni creada ni destruida. En otras palabras, nada es nuevo en el universo. Lo que estamos viendo constantemente son las diferentes formas y manifestaciones de los mismos átomos, los cuales se separan y se vuelven a reagrupar a través de distintos procesos de orden químico o bioquímico.

El lector se estará preguntando: ¿Qué tiene que ver todo ésto con la vida después de la muerte?. Mi repuesta es: ¡Todo!. En este capítulo quiero expresar mi teoría personal, que es pura especulación naturalmente, pero especulación basada en datos científicos. Para hacerlo, tengo que darles primero una base sólida y esta base es la primera ley de la termodinámica.

Bien. Ya sabemos que la materia no puede ser creada ni destruida. ¿Cómo afecta esto el fenómeno de la muerte? Antes de contestar esta pregunta, veamos qué nos dice la ciencia sobre la mente humana.

Como vimos anteriormente, todo lo que existe está formado de átomos que son una forma de energía electromagnética. Nuestro cerebro también emite constantemente este tipo de energía electromagnética. ¿Cómo lo sabemos?. Porque existe un aparato llamado electroencefalógrafo, el cual los neurólogos utilizan para medir la actividad eléctrica del cerebro.

Uno de los experimentos más interesantes en tiempos recientes con la energía eléctrica del cerebro humano, ha probado que si se conecta un electrodo a cada lado de la cabeza, la energía que produce el cerebro puede encender un bombillo de cinco voltios.

Esto nos dice que el cerebro esta emitiendo ondas electromagnéticas de gran intensidad constantemente, mientras la persona vive. Tan pronto la persona muere, el electroencefalógrafo deja de registrar actividad eléctrica en el cerebro. Esta actividad eléctrica del cerebro se conoce como el pensamiento, la Mente humana.

Si la neurología es la ciencia que estudia el cerebro y el sistema nervioso, la psicología es la ciencia que estudia el proceso mental del ser humano. La neurología nos puede explicar los distintos procesos fisiológicos y eléctricos que tienen lugar en el cerebro, pero no nos puede explicar, cómo ni por qué pensamos. Tampoco nos puede dar explicaciones claras sobre lo que es el fenómeno extraordinario que es la mente. Esto pertenece más bien al mundo de la psicología. Pero la psicología moderna, a pesar de que ha dado grandes pasos en su estudio de la psiquis humana, está muy lejos de saber con certeza qué es la mente.

Tanto neurólogos como psicólogos están comenzando a sospechar que la mente no forma parte del cerebro. Esta sospecha está basada en el hecho de que todavía nadie ha podido localizar la mente, o el fenómeno del pensamiento, en ninguna de las funciones o actividades del cerebro. Es indudable de que existe un eslabón entre la mente y el cerebro, pero no está claro si funcionan separados. Es decir, si son dos manifestaciones distintas del ser humano. Lo que sí se sabe, es que el pensamiento es electromagnético.

Todos hemos escuchado infinidad de historias sobre el fenómeno de la telepatía, de la clarividencia. Casi todo ser humano ha tenido una experiencia telepática, o clarividente. Casi todo el mundo ha tenido la experiencia de haber estado pensando en una persona y luego encontrarla fortuitamente en la calle o haber recibido una llamada de ella. O ha tenido un sueño premonitorio durante el cual ha visto claramente un suceso específico el cual ha tenido lugar a los pocos días. El famoso psicoanalítico suizo, Carl Gustav Jung, teorizó que todas las psiquis humanas en su aspecto subconsciente forman un gran lago que él llamó el Inconsciente Colectivo. Según Jung, cuando una persona duerme o está en el estado alfa de consciencia, automáticamente pasa a formar parte del Inconsciente Colectivo, donde se reúnen todos los otros inconscientes humanos. Es durante su estadía momentánea en el Inconsciente Colectivo que la mente humana puede entrar en contacto con las mentes de personas conocidas. De esta manera puede recibir mensajes subconscientes que luego, al ser recibidos por la persona conscientemente, pasan a ser considerados como fenómenos telepáticos o clarividentes.

Cuando dormimos nuestra mente está moviéndose en un mundo enteramente formado de imágenes que pertenecen al cúmulo de nuestras memorias o experiencias. También pueden existir en ese mundo memorias ancestrales, las cuales son experiencias de nuestros antepasados, transmitidas a nosotros a través de nuestros padres. El mundo de nuestra mente, conocido en el ocultismo como el mundo astral, está formado de imágenes y de símbolos. Es un mundo altamente visual, donde generalmente somos espectadores. En ese mundo nada es lo que aparenta ser. Todo o casi todo es simbólico. Muchos de estos símbolos son totalmente personales y sólo tienen significado para el que sueña. Otros símbolos son "elementos," símbolos que tienen el mismo significado para todos los seres humanos.

Nada de lo que vemos, o sentimos, o hacemos en un sueño nos sorprende mientras soñamos. Las experiencias más inverosímiles, las situaciones más imposibles, nos parecen enteramente normales durante el sueño. Seres extraordinarios, figuras fantasmagóricas, flores y colores indescriptibles, sucesos cataclísmicos, experiencias deleznables o divinas, todo esto y mucho más forma parte del llamado mundo astral de la mente.

Con todo lo que hemos discutido hasta aquí, ¿podemos presentar una teoría sobre lo que sucede después de la muerte?. No, porque aún tengo que mencionar algo de gran interés y de la mayor importancia. A través de cuatro billones de años de evolución, la naturaleza siempre ha preferido y ha preservado todo aquello que ha demostrado ser fuerte o valioso. Los dinosauros vivieron en la tierra por más de 40 millones de años. Sobrevivieron porque la naturaleza se los permitió. La ínfima cucaracha, a quien todos desprecian, es una de las especies más antiguas del planeta. Ha sobrevivido porque es adaptable, es bisexual, tiene armadura, antenas, puede vivir donde quiera y come de todo. Es desagradable, pero es una de las especies más exitosas del planeta.

Charles Darwin, a través de sus estudios de las diferentes especies biológicas, le presentó al mundo su famosa disertación: "Sobre el Origen de las Especies." En esta obra, Darwin nos dice que en la naturaleza la especie que sobrevive es siempre la más fuerte. Lo que no sirve es destruido. Lo que sirve, lo que es fuerte, lo que es adaptable, o valioso, éso sobrevive.

Ahora sí que podemos formar una teoría sobre lo que sucede después de la muerte con una base científica sólida. Comencemos pues.

La primera ley de termodinámica nos dice que la materia o energía electromagnética que lo forma todo no puede ser creada ni destruida. La neurología nos dice que el cerebro emite ondas electromagnéticas que pueden ser identificadas como la actividad asociada con la mente humana. Pero tanto la psicología, como la neurología sospechan que el pensamiento o la mente pueden funcionar independiente del cerebro. Por otra parte, Jung nos enseñó que la parte Inconsciente de la mente se une a otros Inconscientes durante el sueño, o el estado alfa. El mundo de la mente, llamado el mundo astral, es un mundo de imágenes y símbolos donde todo es posible y nada asombra. Este mundo astral es el mundo que recorremos todas las noches durante el sueño. Darwin, por otra parte, nos probó que la naturaleza tiende a preservar todo lo que es fuerte o valioso.

Basados en estos datos científicos, podemos teorizar lo siguiente. Si la energía electromagnética de la cual todo está hecho no puede ser destruida, entonces la personalidad humana que vive en la mente y que es electromagnética tampoco puede ser destruida. Si la mente funciona, como sospecha la ciencia, independiente del cerebro. Entonces, cuando el cerebro muere junto al cuerpo ¿puede la mente seguir existiendo sin el cerebro?. ¿Dónde sigue existiendo?. La contestacion es: En el mundo astral que conocemos como el mundo de nuestros sueños que es el mundo de símbolos e imágenes poblado por nuestras experiencias y las de nuestros antepasados. Todo esto es sostenido por el hecho de que la naturaleza siempre preserva todo lo que es fuerte o valioso. Y lo más valioso que jamás ha evolucionado en este planeta es la mente humana. Si la naturaleza ha tenido a bien preservar a tantas especies aparentemente insignificantes a través de millones de años, es lógico asumir que también preserve la maquinaria extraordinaria que es la mente.

Entonces, de acuerdo a lo que hemos discutido, el cuerpo al morir pasa por el proceso de descomposición de la materia, y todos sus distintos elementos pasan a formar parte de otros organismos o manifestaciones. La mente, la cual es pura energía electromagnética sin materia física, continúa existiendo en el mundo astral formado de recuerdos y experiencias cumulativas. Este es el llamado espíritu, la personalidad del individuo, el yo familiar con el que todos nos identificamos.

En otras palabras, basados en lo que la misma ciencia nos dice, podemos postular que nuestra personalidad sobrevive el trauma de la muerte corporal y que continúa viviendo en otro mundo, otro "plano," el plano mental conocido como el mundo astral. Pero, ¿por cuánto tiempo?. ¿Podemos ponernos en contacto con personas que han muerto y existen en el plano espiritual?. ¿Existen los ángeles y los llamados espíritus guías?. ¿Qué clase de experiencia es la experiencia de la muerte?. ¿Existen los espíritus infernales u oscuros?. ¿Qué sucede con los criminales o suicidas?. ¿Qué sucede en el mundo astral?. ¿Existen otros mundos o planos?. ¿Existe el cielo?.

Estas y otras preguntas igualmente controversiales van a ser postuladas en este libro. Nada de lo que hemos discutido hasta ahora es nuevo o radical. Por el contrario, todo lo que hemos hecho es repasar ciertos datos científicos extraordinariamente simples que todo el mundo conoce. Naturalmente que existen muchas teorías y descubrimientos recientes en el mundo de la ciencia que pueden ser utilizados para ratificar o para negar el concepto de la vida después de la muerte. No he hecho uso de estos conceptos porque este no es un libro de ciencia. Es más bien un tratado filosófico que utiliza la ciencia básica para reforzar temas espirituales. No es un método ortodoxo, pero nada que especula sobre lo intangible entra dentro de la ortodoxia. Por eso, sólo podemos explorar el tema de la sobrevivencia de la personalidad. No podemos probarlo.

Mucho de lo que vamos a presentar en los próximos capítulos no tiene nada que ver con la ciencia. Es especulación, fantasía, imaginación y sobre todo, intuición. Es la contestación que da el espíritu humano a las preguntas que la ciencia no puede contestar. Nada que podamos imaginar, por más fantástico que pueda parecernos, se acerca a los espectaculares diseños del cosmos. En las imágenes transmitidas por el satélite "Voyager," el viajero interestelar que atravesó nuestro sistema solar, nos llegaron fotografías de una de las lunas de Urano, llamada Miranda por los astrónomos, las cuales revelaron paisajes tan extraordinarios que van mucho más allá de todo lo que se ha escrito en la ciencia ficción. Montañas doradas, atravesadas por fuentes gigantescas de líquidos inverosímiles que se elevaban miles de pies en el aire, dejaron a los astrofísicos llenos de estupor. En los diez años que duró el proyecto de "Voyager," todo lo que se creía sobre el sistema solar tuvo que ser repasado y todos los textos científicos tuvieron que ser re-escritos. Y en los últimos años se ha descubierto una materia oscura en el universo que forma parte de 90% del cosmos. Nadie sabe de qué se trata, pero los físicos sospechan que la parte visible del universo es sólo 10%. Los otros 90% son invisibles, y nadie sabe lo que esa parte desconocida encierra. Lo que sí se especula, es que partículas de esta materia oscura atraviesan nuestros cuerpos constantemente, alterando nuestras vidas de forma radical. ¿Qué es?. ¿De dónde viene?. Nadie lo sabe.

Nadie sabe en realidad de dónde proviene el universo. Nadie conoce las leyes insondables que lo regulan.

Nuevas galaxias azules han sido apenas descubiertas, las cuales pueden encerrar la contestación al misterio de los extraños hoyos negros que existen en el espacio. En la faz de tales enigmas, el misterio de la sobrevivencia del espíritu palidece. En un universo donde existen tan espectaculares fenómenos, la immortalidad del espíritu no conlleva nada espectacular.

En los próximos capítulos vamos a adentrarnos en el mundo de la imaginación que es la cuna de todo acto creativo, y de todo descubrimiento científico. Ese mundo, que los antiguos maestros del ocultismo llamaron el mundo astral, no es otra cosa que la mente humana.

Capítulo 2

❧ ❧

El Mundo Astral

La palabra astral es derivada del griego, astron, y significa "relacionado con una estrella." La palabra fué utilizada originalmente para describir la morada de los dioses griegos. A través del tiempo su uso fué expandido hasta incluir otras entidades y otros "planos." Los antiguos creían que "el mundo astral" era una tierra fantasmagórica poblada por seres etéreos, entre los que se encontraban espíritus de la naturaleza y ángeles de alta jerarquía. Eventualmente, el término "mundo astral" pasó a ser utilizado por estudiantes y maestros de las llamadas ciencias ocultas para referirse a una zona espacial que se encuentra más allá de nuestros sentidos comunes y nuestra percepción material.

Hace varios años leí un pequeño tratado titulado "El Mundo Astral" escrito por un ocultista hindú llamado Swami Panchadasi. El manual me llamó la atención porque estaba escrito con suma inteligencia y era evidente que el escritor estaba muy versado en las ciencias física y bioquímica, en historia, literatura y filosofía. El tópico extraordinario que estaba tratando, el del mundo astral, de por sí difícil de exponer, había sido presentado de forma tan clara y tan natural que el lector sentíase casi obligado a creer los detalles inverosímiles y fantásticos sobre los cuales el Swami había escrito. No encuentro mejor forma de presentar el tema del mundo astral que repitiendo lo que el Swami Panchadasi escribió en su pequeño libro y que es la descripción tradicional que el ocultismo le da a esa región misteriosa.

Las más antiguas enseñanzas ocultas nos dicen que existen siete planos de existencia. El primero y más denso de todos es el llamado Plano Material, que es el que nosotros habitamos. El segundo es el Plano de Fuerzas, también conocido como el Plano Etéreo. Luego siguen el tercero que es el Plano Astral, y el cuarto, el Plano Mental.

Después de estos planos se encuentran tres más, los cuales son de tal elevación que sobre ellos no se sabe gran cosa, ya que son muy pocos los que los han visitado.

Cada uno de los siete planos tiene siete sub-planos. Y cada sub-plano tiene siete subdivisiones hasta llegar al séptimo grado de subdivisión. Panchadasi nos dice que estos planos no se encuentran superpuestos uno encima del otro como si fueran parte de la estrata terrestre. Para comprender la esencia de estos planos tenemos que recordar que, con excepción del Plano Material, no tienen sustancia física. Son más bien manifestaciones de energía en distintos grados de vibración. La más densa vibración de esta energía, la más lenta, produce el Plano Material. Las otras vibraciones, más rápidas y más finas, producen otros planos, otros "mundos," entre los cuales está el mundo astral.

Si se conciben los planos de esta manera, también se puede concebir el que estén todos localizados en el mismo punto del espacio, pero en distintas densidades. Cada una más sutil que la última. En otras palabras, todos los planos se interpenetran en el mismo punto espacial. En cada espacio se encuentran los siete planos con sus sub-planos sin interferir unos con los otros, puesto que se encuentran en distintas densidades. Algunos maestros del ocultismo tratan de explicar este concepto con esta explicación: "Un plano no es un sitio sino un estado del ser." La mejor forma de comprender este estado vibratorio es recordando que todo en el universo está formado de distintos átomos, cada uno vibrando a distinta velocidad. En un mismo espacio pueden existir el calor, la electricidad, el magnetismo, los rayos X, rayos láser, luz ultravioleta, todos los cuales están formados por energía en diferentes grados de vibración. De la misma manera pueden coexistir los planos en un mismo punto espacial.

El segundo plano, conocido como el Plano de las Fuerzas o Plano Etéreo, es donde se encuentran las distintas fuerzas de las que se compone el universo. En los últimos años la ciencia física ha estado estudiando sin saberlo este plano, que es donde se encuentran las llamadas partículas subatómicas, como los muones y los quarks. La sustancia etérea conocida como prana, y que de acuerdo a los yoguis es el verdadero alimento del ser humano, es una de las fuerzas de este plano. Prana se asimila en el organismo a través de la respiración rítmica conocida en la yoga como pranayama.

El tercer plano, mejor conocido como el Plano o Mundo Astral, es la región a donde va el espíritu cuando una persona muere. Es también el sitio a donde vamos durante el sueño. Existen dos formas de visitar estas regiones misteriosas: (1) Usando los sentidos astrales y (2) Usando el cuerpo astral.

Los sentidos astrales corresponden a los sentidos físicos y es a través de ellos que el ser humano puede recibir impresiones del Plano Astral. En otras palabras, cada uno de nuestros sentidos, como la vista, el olfato, el tacto, el oído, el sabor, tiene uno correspondiente en el astral. Existen dos sentidos adicionales, conocidos como percepciones extra sensoriales (ESP), los cuales están apenas empezando a desarrollarse en el cuerpo humano. Las personas conocidas como clarividentes tienen a veces destellos de la visión astral, pero ésta es espontánea, no controlada. Es decir, el clarividente tiene "visiones" sin esperarlas ni poder controlarlas. La verdadera visión astral es adquirida a través de estudios y ejercicios muy especiales. Una persona que ha obtenido el desarrollo de esta facultad puede transcender de un plano a otro sólo con un esfuerzo de su voluntad.

El segundo método utiliza lo que se conoce como viajes astrales durante los cuales la persona abandona su cuerpo físico y "viaja" en el mundo astral usando su "cuerpo astral." Este "cuerpo" está compuesto de una sustancia etérea de un grado muy alto de vibración y es donde habita ordinariamente nuestra personalidad. A pesar de ser tan tenue, es posible percibir el cuerpo astral bajo ciertas circunstancias. Generalmente rodea el cuerpo físico como una especie de halo de color gris azulado que se extiende por encima de la piel. El color puede cambiar de acuerdo a la salud o el estado mental o moral de una persona. Este halo se conoce comúnmente como el "aura" de la persona.

El cuerpo astral es una copia exacta del cuerpo físico al cual sobrevive por cierto tiempo una vez que la persona muere. Pero el cuerpo astral no es inmortal y eventualmente se desintegra y regresa a sus componentes originales como le sucede al cuerpo físico. Muchas personas han tenido experiencias de las llamadas "fuera del cuerpo," durante las cuales se han encontrado fuera de su cuerpo material, flotando encima de éste. Alguna de estas personas han "viajado" a regiones extrañas en ése otro "cuerpo" y luego han regresado al cuerpo físico, el cual han encontrado frío e inerte como una casa vacía.

Las personas clarividentes o con visión astral consciente, alegan que el cuerpo astral está unido al cuerpo físico por un cordón tenue. Describen esta unión como un humo gris plateado, que puede extenderse a través de grandes distancias. Este celebre "cordón plateado" queda roto en el momento de la muerte, permitiéndole al cuerpo astral, junto al espíritu, que abandone el cuerpo físico.

Es importante aclarar que el cuerpo astral no es el espíritu del ser humano, sino lo que se conoce como el "alma," que es una mezcla del cuerpo etéreo y del astral. El cuerpo etéreo es el cúmulo de los instintos humanos. Mientras que el astral representa las emociones. El espíritu está relacionado con la mente, la lógica, el raciocinio, la inspiración y todas las cualidades esotéricas del ser humano.

El cuerpo astral es una conglomeración de los instintos y las emociones de una persona. Mientras la persona está viva sus viajes en el cuerpo astral están acompasados de su conciencia, es decir de su espíritu, de su personalidad. Una persona que viaja en el mundo astral lo percibe tan real como el mundo material. Existen ciudades, paisajes, campiñas, bosques, ríos, mares, personajes, y muchas cosas más en este mundo extraño y singular. Y todas estas cosas aparecen reales a quienes las perciben porque son reales en su manifestación astral según el mundo material es real en su manifestación física.

Se puede viajar de un "lugar" a otro dentro del mundo astral simplemente a través de un acto de voluntad. Es decir, sólo es necesario desear estar en otro sitio y automáticamente la persona que está en el astral se encuentra en el lugar deseado. En el mundo astral se encuentran diferentes entidades o seres. Algunos de estos personajes son los cuerpos astrales de personas que han fallecido. Otros son seres que nunca han vivido en el Plano Material ya que siempre han pertenecido al Plano o Mundo Astral. Entre estos seres están las llamadas hadas, los gnomos, las salamandras, las náyades, los elfos, las ondinas, las sirenas y otros parecidos.

El Mundo Astral, como todos los otros planos, está dividido en siete sub-planos los que están compuestos a su vez de siete subdivisiones. No tenemos espacio en este capítulo para describir todos los planos y subplanos del Mundo Astral. De manera que nos limitaremos a describir los de mayor interés.

En el primer sub-plano del Mundo Astral está lo que los ocultistas llaman el cementerio astral, que es donde se encuentran los cuerpos astrales cuando se desintegran y dejan de funcionar. Cuando una persona muere, su espíritu junto a su cuerpo astral pasa a uno de los subplanos del Mundo Astral donde permanece descansando en un sueño reparador y pacífico. Durante este sueño el espíritu es preparado para el lugar que le corresponde de acuerdo a su desarrollo espiritual. Cuando el espíritu despierta de este sueño, deja el Mundo Astral y pasa inmediatamente al Plano o Mundo Mental, al sub-plano que le corresponde. El cuerpo astral permanece en el Mundo Astral donde sigue existiendo por cierto tiempo.

Eventualmente este cuerpo astral pierde fuerzas y "muere" o se desintegra igual que le sucede al cuerpo físico. Cuando esto sucede cae inmediatamente al lugar tenebroso conocido como el cementerio astral. Mientras más espiritualmente evolucionada está una persona más rápidamente su cuerpo astral es destruido, ya que son los instintos y las emociones los que forman el cuerpo astral. Mientras más aferrado a la tierra está una persona más tiempo le toma a su cuerpo astral ser desintegrado.

De acuerdo a Panchadasi son los cuerpos astrales de personas que han fallecido, no sus espíritus, los que se "comunican" a través de las llamadas sesiones espiritistas o misas espirituales. Generalmente los espíritus de las personas que han fallecido pasan a descansar en el astral y luego van al lugar que les corresponde en el Plano Mental. Pero el cuerpo astral aún retiene ciertas memorias y ciertas habilidades copiadas de la personalidad del espíritu y es posible atraerlo a una mesa espiritista donde puede tratar de establecer comunicación con las personas presentes, las cuales quedan convencidas de que la entidad que se está manifestando es el espíritu de algún ser querido o conocido. Una persona observadora se puede dar cuenta de que la memoria de la entidad que se manifiesta es débil, que sus acciones no son exactas a las de la persona cuando estaba viva, y de que hay algo que falta en ese ser. Lo que falta, según Panchadasi, es la chispa del espíritu, de la mente, de la verdadera personalidad la cual ya se ha marchado a planos superiores. Lo que queda, en la forma del cuerpo astral, es un carapacho, un alma sin cuerpo.

En su tratado, Panchadasi nos dice que la mayor parte de las personas cuando mueren "duermen" por un largo tiempo, a veces por muchos años en el sub-plano adecuado del Mundo Astral. Las personas muy elevadas espiritualmente y las que están en un nivel muy bajo de evolución despiertan en poco tiempo. Las que están elevadas despiertan rápido porque no necesitan mucha preparación para proceder al sitio que les corresponde. Igualmente los que están poco evolucionados no necesitan mucho tiempo para alcanzar el nivel que les toca, ya que automáticamente gravitan a zonas de bajas vibraciones. Una vez en estas zonas, viven contínuamente las mismas escenas terribles o depravadas en las que pasaron su vida material sin poder tomar parte en ellas, siendo solamente espectadores. Eventualmente muchos de estos seres se horrorizan de estas visiones y se arrepienten de sus vidas pasadas, tratando de dejar estos sub-planos para ascender a otros más elevados. Cuando esto sucede, la misma fuerza de su deseo de elevación los impulsa a sub-planos más desarrollados y pueden de esta manera adquirir evolución. Pero algunos de estos pobres seres han descendido tan profundamente en la escala espiritual que son incapaces de arrepentimiento. Sin arrepentimiento, sin el deseo de elevarse hacia regiones de luz, corren el riesgo de ser eventualmente aniquilados, desintegrados espiritualmente.

En los sub-planos más elevados del Mundo Astral existen regiones donde personas que fueron creativas en la tierra como pintores, escritores, compositores y poetas, llevan a cabo grandes obras que no pudieron terminar cuando estuvieron en el Plano Material. Otros seres crean grandes obras en el astral las cuales son más tarde exteriorizadas en el mundo material, concebidas como inspiración por personas en la tierra, y llevadas a cabo materialmente.

Todo ocultista cree firmemente que el Mundo Astral es la matriz del Mundo o Plano Material. Es decir, que todo lo que sucede en el mundo físico es solamente el eco de algo que ya ha ocurrido en el astral. Por eso, toda "magia" se trabaja en el astral, usando el poder mental de la persona que la practica.

En el Plano Mental es donde se encuentran las regiones paradisiacas que muchas religiones llaman "cielos." En estos subplanos existen los "cielos" de todas las religiones. En ellos se encuentran los espíritus de seres exaltados como los santos y mártires. Los ángeles, que son pura emoción, puro amor, están en las regiones más elevadas del Plano Astral, pero viajan continuamente a planos más excelsos. Seres de gran evolución espiritual como Jesús se encuentran en planos de mayor vibración que el Plano Mental.

Panchadasi, quien cree firmemente en la reencarnación, nos dice que mientras más elevado está un espíritu, más tiempo toma entre encarnaciones. Cuando decide encarnar en poco tiempo, está haciendo un gran sacrificio por alguna razón importante, ya que al encarnar deja de gozar de la gran felicidad y éxtasis que es la vida continua del espíritu en los planos superiores.

Es en el Mundo Astral, no en el Mental, donde existen los sub-planos que corresponden a los "paraísos" de las razas antiguas o las guerreras. Aquí se encuentra el Valhalla de los vikingos, los campos elisiacos de los griegos y las regiones felices de caza del indio americano.

Casi todos los espíritus, tanto los elevados como los de poca evolución, pasan un tiempo en uno de los sub-planos del astral donde trabajan tratando de perfeccionarse y de adquirir mayor elevación. Antes de volver a encarnar, dejan el astral y pasan al Mundo o Plano Mental, en el subplano adecuado. Si el espíritu es de poca evolución pasa muy poco tiempo en estas regiones, y reencarna rápidamente porque de esa manera evoluciona más. Si el espíritu está muy elevado puede detenerse por siglos en estas regiones u otras más elevadas aún. Durante su estadía en estos planos el espíritu entra en una identificación total con su yo superior recibiendo mayor purificación y luz y gozando del éxtasis divino que los yoguis conocen como nirvana. Si el espíritu ha adelantado tanto que no es necesario que continúe su ciclo de encarnaciones, permanece entonces en los planos superiores desde donde puede ayudar a otros espíritus que están aún en la rueda de la encarnación, viviendo sobre la tierra.

Hasta aquí lo que nos dice el Swami Panchadasi sobre el Mundo Astral. Naturalmente que no existe evidencia concreta para probar de forma definitiva la existencia de esta zona espectral y nebulosa. Pero como hemos visto antes la astronomía ha descubierto recientemente la existencia de una materia oscura que forma la mayor parte del universo. Esta materia es invisible y nadie sabe de qué esta compuesta ni lo que es. Este universo invisible, diez veces más grande que la materia contenida en las estrellas, encierra en sí la respuesta a la pregunta más importante que podemos hacernos sobre el cosmos: ¿Cuál es el futuro de nuestro universo?. ¿De dónde proviene y dónde termina?. ¿Acaso el misterioso Mundo Astral forma parte de este universo invisible?.

Capítulo 3

※ ⚜ ※

El Túnel de Luz

Una de las experiencias más comunes de personas que han sido resucitadas después de una "muerte clínica" es la de pasar rápidamente a través de un túnel de luz, donde al final de este pasaje se encuentran con una figura "crística" luminosa. Esta misma experiencia la han relatado individuos que han estado al borde de la muerte.

La "muerte clínica" es aquella durante la cual los signos vitales de una persona cesan y ésta es declarada muerta por los doctores presentes. Cuando esta persona "muerta" vuelve a la vida espontáneamente, o por los esfuerzos de algún médico que insiste en revivir a esa persona, esta persona relata a menudo esta experiencia del túnel de luz y de esta extraña figura "crística." El término "figura crística" es utilizado por parasicólogos y místicos para describir una figura con características parecidas a las de Jesús.

El túnel de luz no es la única experiencia relatada por personas que han tenido una muerte clínica, o por aquellas que se han visto al borde de la muerte. También se escuchan historias sobre encuentros con seres familiares o amigos fallecidos. Uno de los relatos más impresionantes de este tipo lo escuché hace varios años en una de las estaciones de televisión norteamericanas en Nueva York. Lo contó un chico de unos veinte años quien había sido apuñalado de tan terrible manera que se había desangrado totalmente. Cuando la policía lo encontró, en una de las aceras de la parte baja de Manhattan cerca de los muelles, los paramédicos de la ambulancia que vino a recogerlo, lo declararon muerto en el acto. El " cadáver " del chico fue llevado de rutina al hospital Bellevue, uno de los hospitales más famosos de la babel de hierro. A pesar de que no daba señal alguna de vida, uno de los médicos residentes de Bellevue, viendo la juventud del muchacho, le tomó lástima y decidió tratar de revivirlo. Rápidamente dió órdenes de que lo llevaran a la sala de operaciones. Allí este médico procedió a cerrar sus terribles heridas, y empezó una serie activa de transfusiones para tratar de reactivar el funcionamiento de su corazón, el cual por falta de sangre había cesado de latir.

Mientras este médico héroe luchaba desesperadamente por salvarle la vida, el chico contemplaba sus esfuerzos mientras flotaba cerca del techo del salón de operaciones. El muchacho más tarde describió su reacción ante esta escena de horror como una de gran calma. Mientras observaba los esfuerzos del médico, notó que el techo se abrió de pronto y en la apertura aparecieron muchos seres que miraban con gran intensidad el cuerpo inerte del chico que yacía en la mesa de operaciones. Entre estas caras curiosas el chico reconoció la de su hermano mayor quien había muerto varios años atrás en un accidente de automóbil también a una edad joven. Al reconocer a su hermano, el chico sintió un gran deseo de estar con él y de inmediato trató de entrar en el recinto en el cual éste se hallaba. Pero el hermano, con el rostro severo, lo empujó hacia abajo y le dijo, "No puedes entrar. No hay aquí espacio para tí. Tienes que regresar allá abajo." A pesar de las muchas súplicas que le hizo el chico a su hermano muerto, éste se negó a darle entrada a su morada. Con un fuerte empujón lo envió hacia abajo y el chico aterrizó de golpe encima de su cuerpo. Inmediatamente el médico gritó, "¡está vivo!," y la sala de operaciones se llenó rápidamente de médicos y enfermeras incrédulos, todos aunando sus esfuerzos para salvar la vida que milagrosamente había regresado. Varias semanas más tarde, todavía en silla de ruedas, el chico contó su historia frente a docenas de cámaras de televisión, llorando amargamente, porque hubiera preferido reunirse con su hermano, en vez de regresar a la tierra.

Esta es sólo una de muchas historias parecidas. Uno de los libros más conocidos sobre el tema fué escrito por un doctor americano llamado Raymond A. Moody, Jr., hace cerca de quince años. El libro, titulado "La Vida Después de la Vida" (Life After Life), es una recopilación de los estudios del Dr. Moody sobre las experiencias de cientos de personas que han estado al borde de la muerte o que han tenido muertes clínicas.

Uno de los hombres entrevistados por el Dr. Moody relató lo siguiente:

"Cuando yo era un niño de nueve años me enfermé de gravedad y mis padres me llevaron al hospital de emergencia. Una vez allí los doctores decidieron ponerme bajo anestesia para poderme examinar bien. Tan pronto estuve bajo la anestesia, mi corazón se paró y dejé de respirar. Mientras los médicos luchaban por revivirme, sentí un sonido como el de una maraca que alguien estaba sonando rápidamente. El sonido era rítmico y vibraba como una serpiente de cascabel. Tan pronto el sonido comenzó yo sentí que salía disparado de mi cuerpo a través de un túnel largo al final del cual se vislumbraba una gran luz. Pero cuando estaba llegando a la luz, sentí un fuerte estremecimiento y me encontré de nuevo en mi cuerpo. Los médicos habían logrado resucitarme."

Otro informante describió el túnel como un vacío total y oscuro a través del cual él se movía con una rapidez extraordinaria. Al final del túnel se percibía un gran luz de tono dorado pálido, de gran esplendor.

Una chica joven quien tuvo un terrible accidente donde casi perdió la vida contó cómo de pronto se encontró fuera de su cuerpo, observándolo a distancia rodeado de la policía y la ambulancia que había venido a recogerla.

"Pensé que estaba muerta," le dijo al Dr. Moody. "Lo que me preocupaba era que no sabía a dónde tenía que ir, y qué iba a suceder conmigo. ¡Dios mío, estoy muerta! me decía a mí misma. No lo puedo creer! Porque en realidad nadie piensa que se va a morir hasta el momento en que sucede. En ese momento de incertidumbre, decidí esperar a que se llevaran mi cuerpo para entonces decidir qué hacer. Pero en eso uno de los paramédicos me inyectó una droga muy fuerte que me hizo regresar de immediato a mi cuerpo. No podía creerlo cuando de nuevo me encontré en mi cuerpo. Mientras estuve fuera me sentí muy libre. Seguía siendo yo, mis ideas y pensamientos eran idénticos, nada habia cambiado, salvo que no tenía cuerpo. Nunca me olvidaré de esa experiencia."

Una señora mayor le contó al Dr. Moody la experiencia que tuvo después de un ataque al corazón:

"Yo estaba en el hospital con dolores muy fuertes en el pecho. Habían a mi alrededor varias enfermeras todas tratando de ayudarme. Traté de ponerme de lado en la cama para estar más cómoda y en ese momento dejé de respirar y mi corazón se detuvo. Una enfermera empezó a gritar: "¡Código rosa! ¡Código rosa!" indicando que yo estaba muriendo. Mientras escuchaba estas palabras sentí que me salía de mi cuerpo y que me iba resbalando a través del colchón de la cama al suelo. Al llegar al suelo comencé a ascender hacia el techo donde estuve observando las enfermeras y los médicos que llegaron en esos momentos, todos luchando por salvarme la vida. En ningún momento me sentí con miedo ni asustada. Al contrario, viéndolos tan afanados, me dije "Por qué se molestarán tanto conmigo, si yo me siento muy bien así." Luego sentí un sonido fuerte como el de una maraca y algo me sacó hacia afuera a través de una especie de túnel oscuro, a una gran velocidad. Había luz al final de ese túnel y cuando lo pasé encontré una figura de luz que me preguntó: ¿Me amáis vos? Yo reconocí en él a Jesús y le dije: Sí, os amo con toda mi alma. Y él me dijo: Si me amáis, regresad, que aun no habéis terminado vuestro trabajo en la tierra. Apenas me dijo esto cuando me encontré de nuevo en mi cuerpo, rodeada de médicos y enfermeras, todos felices de haberme revivido. Pero yo lloré por muchas horas porque hubiera querido quedarme con él, con Jesús."

En otro caso, una mujer joven que por poco perdió la vida en un parto difícil, se encontró fuera de su cuerpo en un sitio muy hermoso, un valle verdísimo, donde habían flores de colores extraños los cuales ella jamás había visto en la tierra. A lo lejos alcanzó a ver muchas personas familiares que habían muerto, las cuales le sonreían con gran cariño. Pero de pronto de entre ellas surgió uno de sus tíos, el cual llevaba varios años de muerto. Éste se le acerco rápidamente y se le paró en el camino. "No puedes permanecer aquí," le dijo. "Todavía no te ha llegado el momento. Debes regresar lo antes posible porque de lo contrario será tarde. Tu hijo te necesita." Esta mujer también regresó sin ganas a su cuerpo, porque el sitio donde se encontró era tan bello y tan lleno de paz que hubiera querido quedarse allí para siempre.

Las excepciones en los relatos recibidos por el Dr. Moody son los de las personas que han estado al borde de la muerte debido a atentados suicidas. Estas personas han contado experiencias aterradoras y extremadamente desagradables donde se les ha ofrecido una nueva oportunidad de arrepentimiento para rehacer sus vidas. Todas estas personas han dicho que la impresión que recibieron durante sus muertes clínicas fué que el suicidio no es un escape, ya que la personalidad sigue viviendo, y que en la "otra vida" la persona suicida es "castigada" por su acción.

Una de las experiencias mas interesantes relatadas al Dr. Moody fué la de una mujer que le contó que durante la enfermedad grave de una de sus tías ancianas, tanto ella como el resto de la familia habían rezado mucho porque su tía se sanara. La señora había dejado de respirar varias veces pero siempre los médicos lograban resucitarla. Un día, después de una de estas gravedades, la tía le dijo a la sobrina que ella había visitado el "otro mundo" donde iban las gentes al morir, que era muy hermoso y que ella quería quedarse allá, pero que no podía porque las oraciones de la familia la mantenían viva. La señora le pidió encarecidamente a la sobrina que dejara de rezar. La sobrina le dijo a la familia la petición de la tía y todos dejaron de rezar por ella. Al poco tiempo, la señora murió.

El Dr. Moody no es el único científico interesado en la vida después de la muerte. Otra doctora, Elizabeth Kubler-Ross, también ha hecho estudios muy profundos sobre el tema. Recientemente, varios otros científicos asociados con la universidad de medicina de Connecticut han estado investigando la vida después de la muerte. Lo que más le interesa a estos científicos es la experiencia de las personas que han pasado por muertes clínicas donde han salido del cuerpo y han pasado por el túnel de luz o se han encontrado con la figura crística o con seres amados ya fallecidos.

La experiencia de encontrarse fuera del cuerpo, en lo que llaman los yoguis el "cuerpo astral", el cual discutimos en el capítulo anterior, no está solamente asociada con la muerte clínica. Muchas personas admiten haber tenido este tipo de experiencia donde han escuchado una vibración fuerte y se han sentido arrastrados a través de un túnel oscuro con una luz al final, o se han visto flotando sobre sus cuerpos sin haber estado enfermos o cerca de la muerte.

Recientemente, la señora que está cargo de atender a mi madre me contó que durante una visita al hospital para chequearse la sangre, la doctora que la examinó puso tan poco cuidado al extraerle la sangre que le introdujo sin darse cuenta un poco de aire en la vena. La pobre mujer perdió inmediatamente el conocimiento y se encontró de frente con un ser en quien ella reconoció a San Pedro el cual la empujaba hacia afuera con las manos. En ningún momento esta señora fue declarada muerta pero estuvo muy enferma. La figura que vió no fué la figura de Jesús pero fué la de San Pedro, quien puede considerarse una figura crística ya que estuvo relacionad con Jesús.

Naturalmente sólo personas cristianas reconocen a Cristo en esta figura. Personas de otras religiones perciben ángeles o entidades sagradas típicas de sus creencias.

Hace varios años, mientras aun estaba viviendo en Viena donde trabajaba para las Naciones Unidas, tuve una experiencia similar a las aquí descritas. La experiencia tuvo lugar durante una época de mucha paz y harmonía interior. Una noche, acabando de acostarme a dormir, pero aún despierta, sentí el mismo ruido de maracas descrito antes. En el mismo instante sentí que me elevaba rápidamente sobre mi cuerpo. La impresión que recibí era que estaba creciendo a una velocidad inaudita y me encontré de repente flotando cerca del techo. Lo extraño de la experiencia es que en ningún momento sentí que lo que me estaba pasando era raro o inverosímil. Al contrario, mi reacción fue una de aceptación instantánea a mi increíble situación. Tan pronto me encontré cerca del techo sentí el mismo ruido como de maracas descrito antes. En el mismo instante sentí una fuerza extraordinaria que me halaba con una gran succión hacia una de las esquinas del techo. Recuerdo que mi pensamiento en ese momento fué que iba a morir. Sólo tuve tiempo de decir, Dios mío, te encomiendo mi alma, e instantáneamente me fui por la esquina del techo a través de lo que para mí no era un túnel, sino más bien un vacío de gran oscuridad. La velocidad que me impulsaba era tal que perdí el sentido. No sé dónde estuve mientras estuve "fuera" ni qué tipo de experiencia tuve. Sólo recuerdo que de pronto me encontré de nuevo flotando en el techo. Sentí en ese momento un gran deseo de regresar a mi cuerpo. Tan pronto deseé regresar, me encontré de nuevo en mi cuerpo. Todavía recuerdo cuán inmóvil y qué frío lo encontré, como una casa que ha estado vacía y que de pronto vuelve a ser habitada.

Estas experiencias nos hacen pensar que el extraño fenómeno que llamamos "mente" no está directamente asociado con el cuerpo en general o el cerebro en particular, y que puede existir independiente del cuerpo. Es tentador pensar que las personas que han salido fuera de sus cuerpos durante gravedades o "muertes clínicas," o las que como yo han salido fuera del cuerpo sin estar enfermas, ofrecen prueba de la vida después de la muerte. Pero antes de pensar esto tenemos que recordar lo siguiente: ninguna de estas personas murió efectivamente. Todo lo que hicieron fué pasar por una experiencia donde se encontraron fuera del cuerpo.

Aun las personas que relataron visiones del "otro mundo," como la señora que le pidió a la sobrina que no rezara por ella, estaban vivas cuando tuvieron la experiencia. Desafortunadamente, aun no ha regresado nadie después de varios años de muerto, a contarnos sus experiencias.

¿Qué quiere decir ésto? Simplemente una de dos cosas: (1) Las experiencias donde una persona se encuentra fuera del cuerpo es una alucinación momentánea causada por un mal funcionamiento espontáneo del organismo, específicamente del cerebro. (2) Las experiencias donde una persona se encuentra fuera del cuerpo son el resultado de una separación momentánea del cuerpo astral y el cuerpo material, según explican los yoguis. Esta experiencia es ocasionada por una gravedad durante la cual la persona está a punto de morir, por cansancio excesivo o la práctica de un misticismo intenso.

Un famoso bioquímico alemán alega que esta experiencia en personas que están graves es causada por un alucinogénico creado por la glándula pineal. Este alucinogénico produce la ilusión de la proyección del cuerpo astral, el túnel de luz y las figuras crísticas o de seres amados. La razón por la cual el cerebro produce esta alucinación, afirma este científico, es para suavizar el trauma terrible de la muerte, en otras palabras, para hacer la muerte más fácil, más aceptable, menos aterrante.

Esta teoría puede explicar por qué una persona moribunda tiene estas experiencias, pero no explica por qué personas que no están enfermas ni cerca de la muerte tienen la misma experiencia.

Tal vez el fenómeno de la proyección del llamado cuerpo astral es una experiencia que sólo la tenemos mientras vivimos. Tal vez todo termina con la muerte. Pero tal vez no. Tal vez la experiencia de la proyección astral, del túnel de luz, de las figuras luminosas, de las regiones hermosas del astral, de familiares y amigos ya muertos es prueba de que la personalidad sobrevive la experiencia de la muerte. ¿Quién lo puede decir con certeza?. Lo único que sabemos con seguridad es que inevitablemente algún día todos tendremos la respuesta.

Uno de los descubrimientos recientes más fascinantes en la astrofísica es la existencia de los llamados hoyos negros. La astronomía nos dice que estos fenómenos cósmicos son creados durante la explosión de una estrella como nuestro sol. Estas estrellas explosivas se conocen como supernovas y al explotar, la gran densidad de su núcleo hace que se desplomen hacia adentro, creando lo que los científicos llaman un " hoyo negro." El área de un hoyo negro tiene una tremenda fuerza gravitacional y todo lo que atrae es succionado hacia su misterioso interior. Entre las muchas teorías que existen entre estos misteriosos objetos, existe el concepto de que el hoyo negro es un portal hacia otros mundos, otros mundos desconocidos. La descripción dada por las personas que han tenido la experiencia del túnel oscuro al final del cual está la gran luz y la figura crística es curiosamente parecida a la descripción del hoyo negro y su gran fuerza de succión. ¿Se trata acaso del mismo fenómeno?. ¿Es tal vez el hoyo negro de la astrofísica el portal del mundo astral?.

Capítulo 4

❧ ❧

La Reencarnación

La doctrina de la reencarnación se encuentra en muchas de las religiones antiguas y continúa existiendo en nuestra era moderna. Los egipcios, los griegos y los romanos creían firmemente en la reencarnación. Pero tanto el judaísmo como el cristianismo, aunque creen en la inmortalidad del espíritu, no predican la doctrina de la reencarnación. La creencia principal en ambas religiones es que existe un cielo y un infierno y que el espíritu va a una de esas dos regiones al partir de la tierra, dependiendo esto de sus acciones mientras habitó en el mundo material. El cristianismo también nos habla de la existencia del purgatorio donde las almas se purifican de sus pecados terrestres hasta ser dignos de entrar al cielo. También nos enseña que las almas duermen por largo tiempo al dejar "la envoltura terrestre" y que no despiertan hasta que llega el día del juicio final. Las almas despiertan al escuchar el sonido de la trompeta del arcángel San Gabriel quien es el encargado de iniciar este despertar apoteósico.

La teoría de la reencarnación en tiempos modernos está basada en las enseñanzas del hinduismo y el budismo que creen que el espíritu está atado a la "rueda de la vida," de la cual tiene que liberarse para poder llegar al estado conocido como "nirvana." Una vez alcanzado este estado el espíritu deja de existir como una unidad independiente y pasa a ser parte de Dios. De acuerdo a los hindúes cada encarnación debe ser usada por el individuo como una oportunidad de purificación en preparación para el momento extático que es nirvana. Para que esto suceda la persona debe utilizar un sistema especial de meditación y de ejercicios. Esto junto a una dieta vegetariana le ayuda a separarse poco a poco de la rueda de la materia, de sus atracciones y sus espejismos falsos hasta poderla abandonar del todo. Uno de los sistemas recomendados por el hinduismo para lograr esta meta es la yoga, especialmente la división conocida como Hatha Yoga, la cual se especializa en ejercicios corporales conocidos como "asanas," ejercicios de respiración como la pranayama, y dietas especiales donde se evita todo producto animal. No sólo la carne, sino también los huevos y la leche.

Uno de los ejemplos típicos de la creencia del hinduismo y del budismo es la reencarnación del Dalai Lama, dirigente espiritual del Tíbet. Los tibetanos, quienes practican el budismo, creen que cuando el Dalai Lama muere reencarna inmediatamente en el cuerpo de un niño varón en el momento que va a nacer. Este niño tiene que tener las marcas de un tigre en las piernas y otras características del Dalai Lama fallecido. Cuando el niño está grandecito le dan a escoger entre varios objetos los que le pertenecieron al Dalai Lama. Si el niño es la verdadera reencarnación del líder tibetano, escoge sin fallar los objetos correctos. Esta costumbre continúa en nuestros tiempos. El presente Dalai Lama, escogido de la forma descrita, es en estos momentos un niño de unos diez años, nacido en España, de padres budistas.

Muchas de las ideas sobre la reencarnación expresadas en el budismo fueron adaptadas en el movimiento místico llamado Teosofía, el cual fue creado alrededor de 1870 por Madame Helena Petrovna Blavatsky, una emigrante rusa de reputación dudosa, pero con un gran sentido de histrionismo y una extraordinaria facilidad para la palabra escrita. Madame Blavatsky abandonó Rusia a temprana edad y pasó el resto de su vida viajando por todo el mundo, tratando de difundir sus teorías sobre la reencarnación y sobre el movimiento teosófico. Una de sus más famosas discípulas, Annie Besant, fue una de las mayores exponentes de la Teosofía en los Estados Unidos.

Contrario a las ideas hindúes y budistas, la teosofía nos enseña que la encarnación no es una rueda a la que estamos atados y que nos depriva de la unión con Dios. Al contrario, la teosofía dice que la reencarnación es evolucionaria, es decir, que a través de cada reencarnación el espíritu progresa y adelanta en su camino hacia Dios. Esta doctrina teosofista es la que más predomina en nuestro concepto moderno de la reencarnación.

A pesar de ser un concepto tan controversial, la reencarnación ha encontrado adeptos y fieles creyentes en personas muy famosas, tales como la reina Victoria de Inglaterra, el General George Patton, Benjamin Franklin, Abraham Lincoln y muchos otros mundialmente conocidos. Y en realidad, a pesar de que no hay pruebas contundentes al respecto, existen tantos casos extraños de aparente reencarnación que hacen prácticamente imposible negarla. Naturalmente, si existe la reencarnación, también existe el espíritu y la vida después de la muerte.

Uno de los más famosos exponentes de la teoría de la reencarnación en los Estados Unidos fue un "psíquico" llamado Edgar Cayce, sobre quien se han escrito docenas de libros. Cayce es más bien conocido bajo el sobrenombre del "profeta dormido," ya que las miles de profecías que hizo durante su vida tuvieron lugar estando bajo trance. La mayor parte del trabajo de Cayce ha sido compilado en lo que se conoce como sus "lecturas," las cuales son una colección de sus profecías, sus diagnósticos y curaciones, todos hechos a través de trance.

Se cree que existen más de 2,500 casos en las "lecturas" de Cayce. Extrañamente, ninguna de sus grandes profecías se ha visto realizada hasta la fecha. Su predicción de que el continente de Atlantis iba a salir de nuevo a flote cerca de Bermuda en 1968 todavía se está esperando. Así como su profecía de que China iba a convertirse al cristianismo en la misma fecha. O aquella en que un gran terremoto iba a destruir a California, también en 1968.

Afortunadamente estas, al igual que otras muchas predicciones, nunca tuvieron lugar. Sin embargo, Cayce cuenta con millones de seguidores a través de todo el mundo. Incluso se rumora que el fallecido miembro de los Beatles, John Lennon y su esposa Yoko Ono, habían comenzado a leer los escritos de Cayce y estaban considerando adoptar las enseñanzas del famoso psíquico americano.

Tal vez la razón por la cual las lecturas de Cayce sean tan famosas, a pesar del fallo de sus predicciones, es el hecho de que sean tan fáciles de aceptar. Cayce era lo que se puede llamar un cristiano transcendental. Es decir, sus enseñanzas estaban fuertemente cimentadas en las de Cristo, pero mezcladas con los conceptos teosóficos de Madame Blavatsky y otras teorías Hindúes, tal como el concepto de "karma." Para Cayce, el karma no era otra cosa que el resultado de las acciones de una persona, lo que él llamaba la "entidad," durante cada encarnación o vida. Según Cayce, cada acción, ya sea buena o mala crea una especie de eco cósmico, es decir un boomerang que regresa al individuo de alguna manera en la próxima encarnación. Esto explica todas las alegrías, victorias o sufrimientos por las cuales pasa una persona durante su existencia. Son simplemente el resultado de acciones previas en otra encarnación. En otras palabras, son eventos "kármicos."

A pesar de sus firmes creencias ortodoxas cristianas, Cayce era un ferviente exponente de la teoría de la reencarnación, la cual como ya he dicho no es parte de las enseñanzas cristianas. En sus lecturas Cayce indicó que durante previas encarnaciones él había sido un príncipe árabe y un alto sacerdote egipcio llamado Ra-Ta. Su esposa Gertrudis había sido también su esposa durante estos tiempos egipcios, en los cuales ella había existido como una exótica bailarina en el templo de uno de los dioses. Esta encarnación sugestiva es difícil de aceptar en Gertrudis, quien era una respetable dama de proporciones hercúleas a la cual era poco menos que imposible concebir bailando la danza de los siete velos. Pero, como según el propio Cayce cada encarnación es totalmente distinta a la anterior, la transformación de la sensual bailarina egipcia en la musculosa pertrudis entra dentro de las posibilidades hipotéticas del fenómeno de la reencarnación.

Uno de los casos más conocidos de supuesta reencarnación es el de Bridey Murphy. Este es el nombre de una mujer irlandesa del siglo diecinueve la cual aparentemente había reencarnado en una ama de casa norteamericana.

El caso de Bridey Murphy fue relatado en detalle en el libro titulado, "En Busca de Bridey Murphy," el que se convirtió de la noche a la mañana en un "bestseller" internacional, vendiendo millones de copias en un par de meses. El libro lo escribió un hombre de negocios del estado de Colorado llamado Morey Bernstein, quien había estado practicando hipnotismo por varios años. Bernstein también era un gran admirador de las lecturas de Edgar Cayce y creía fervientemente en la teoría de la reencarnación.

Bernstein había oído hablar de una técnica usada por psiquiatras en el hipnotismo conocida como "regresión a la niñez." Durante esta práctica el psiquiatra regresa a su paciente hacia la niñez utilizando el estado hipnótico, con la esperanza de ayudar a la persona a recordar eventos de la infancia que le puedan ayudar a resolver conflictos y desórdenes patológicos de su personalidad. Pero Bernstein también había oído decir que era posible usar este tipo de regresión hipnótica para llevar a una persona a recordar existencias pasadas.

Deseoso de probar si esto era posible, Bernstein empezó a experimentar con una amiga suya, también de Colorado, llamada Virginia Tighe. Las sesiones hipnóticas comenzaron en noviembre de 1952. Durante esta primera sesión, Virginia empezó a hablar con un acento típicamente irlandés y dijo que era una niña de ocho años llamada Bridey Murphy que vivía con su familia en Irlanda, en 1805, en el condado de Cork. En las próximas seis sesiones, un relato extraordinario tuvo lugar durante el cual Bridey (a través de la hipnotizada Virginia), dió detalles de su familia, del sitio donde vivía, de las tiendas donde compraban, de sus distintos familiares, y muchas cosas más igualmente fantásticas. Toda esta información llegó a oídos de un periodista llamado Barker quien escribía para una revista de Denver. Barker publicó una serie de artículos sobre el caso, los cuales más tarde fueron utilizados por Bernstein para escribir su libro, "En Busca de Bridey Murphy." De la noche a la mañana, el país completo comenzó a hablar sobre Bridey Murphy. De un lado a otro de la nación americana, todo el mundo comenzó a discutir las probabilidades de la existencia del fenómeno de la reencarnación. Toda persona en los Estados Unidos había oído hablar de un caso parecido al de Bridey o había tenido una experiencia similar. Nunca la reencarnación había recibido mayor o más positiva publicidad. Hollywood decidió filmar una película basada en el libro y se hablaba de elegir a Bridey como la primer mujer presidenta de los Estados Unidos.

Pero de la noche a la mañana, toda esta publicidad gratuita y benéfica se transformó en un ataque virulento en contra de Bridey, de Virginia y de Bernstein. El ataque comenzó con los dardos envenenados enviados por psiquiatras enfurecidos por el uso, o mejor dicho el abuso, que había hecho Bernstein de la técnica de la hipnosis regresiva. A los psiquiatras se unieron los historiadores, que se sentían ultrajados por los graves errores que según ellos había cometido Bridey en sus relatos sobre la historia de Irlanda en el siglo 19. Pero tal vez los críticos más fulminantes de Bridey fueron los sacerdotes y ministros para quienes la reencarnación estaba en contra de las escrituras. Era anticristiana y presentaba un peligro en potencia para el cristianismo. Todos estos críticos eruditos comenzaron una serie de estudios sobre Bridey Murphy y Virginia destinados a desprestigiar lo que Bernstein había descubierto.

Eventualmente, muchos errores fueron encontrados en los relatos de Bridey, y poco a poco su historia fue perdiendo interés. Al final, fué tal la publicidad negativa recibida por el caso, que la película filmada sobre Bridey pasó casi desapercibida. Hoy en día la extraña historia de Bridey Murphy es considerada con una mezcla de curiosidad y recelo. ¿Verdaderamente existió Bridey Murphy?. Me parece que nunca lo sabremos.

Sin lugar a dudas el libro más interesante sobre el tema de la reencarnación lo escribió un psiquiatra canadiense llamado Ian Stevenson. El libro, escrito en inglés, se titula "Twenty Cases Suggestive of Reincarnation." Traducido, el título sería, "Veinte Casos que Sugieren la Reencarnación." En el libro el Dr. Stevenson ha reunido veinte de los casos más impresionantes de los que él ha estudiado personalmente. Todos los cuales sugieren que cada persona estudiada ha pasado por la experiencia de la reencarnación.

En el libro del Dr. Stevenson no hay ningún caso ambíguo o sospechoso como el de Bridey Murphy, ni teorías dudosas como las de Edgar Cayce. En ningún momento el Dr. Stevenson ha utilizado el hipnotismo ni ningún concepto místico o teosófico. Sus métodos son totalmente empíricos y eminentemente respetables. Sobre su augusta cabeza no se ha eregido jamás ni el más leve espectro de la duda o de la temida controversia—enemiga feroz de la ciencia. En otras palabras, el Dr. Stevenson es un científico serio y responsable, incapaz de reportar nada que considere dudoso o falso. Por esta razón, es el mejor amigo de la teoría de la reencarnación.

Uno de los casos más increíbles relatados por el Dr. Stevenson concierne a un niño libanés llamado Imad

Elawar. Su familia pertenece a una secta religiosa conocida como los Drusos quienes creen en la transmigración de las almas y en la reencarnación. En 1964, cuando Imad tenía apenas cinco años, el Dr. Stevenson visitó la aldea donde el niño vivía, a unas quince millas al este de Beirut. Las circunstancias en que el Dr. Stevenson se enteró del caso de Imad, quien desde los dos años estaba refiriéndose a una vida anterior durante la cual había vivido en otra aldea no muy lejos de su casa, fueron pura casualidad. A pesar de que las dos aldeas estaban apenas a veinte millas de distancia la una de la otra, las separaban carreteras casi intransitables entre montañas. Por esta razón siempre había existido poco contacto entre los habitantes de las dos aldeas.

Lo que hizo el caso interesante para el Dr. Stevenson fue que Imad alegaba haber tenido esta anterior existencia sólo unos cuantos años antes de su existencia presente. Esto hacía posible corroborar los datos dados por el niño quien citaba fechas y nombres de personas que según él habían sido sus familiares, amigos o vecinos.

Acompañado por Imad y sus padres, el Dr. Stevenson decidió visitar la otra aldea donde según el niño había habitado en una previa encarnación. Una vez llegados al sitio fué fácil localizar a varias personas que pudieron corroborar muchos de los datos dados por Imad. Por ejemplo, el niño alegaba que su nombre había sido Bouhamzy y que su mujer se había llamado Jamile. Uno de sus familiares había muerto en un accidente automovilístico. Los vecinos de la aldea llevaron al Dr. Stevenson, a Imad y a sus padres a una casa que le había pertenecido a un tal Ibrahim Bouhamzy unos diez años atrás, cinco años antes de nacer Imad. Este Ibrahim Bouhamzy había muerto de tuberculosis a los 25 años de edad y había vivido con una mujer llamada Jamile.

Uno de sus primos, llamado Said, había muerto en un accidente automovilístico. Todo esto confirmaba los datos dados por Imad, pero el Dr. Stevenson, que no era fácil de convencer, insistió en preguntarle al niño detalles sobre el interior de la casa, los cuales no podían ser deducidos desde fuera. El niño describió la casa minuciosamente, incluyendo el sitio donde se guardaban los animales y los utensilios de agricultura. También identificó a otros miembros de la familia de Boumhazy y vecinos, todos los cuales vivían aún, y a ninguno de quienes había visto antes.

Después de estudiar todos estos datos con mucho cuidado y de interrogar tanto al niño como a los padres por varias semanas, el Dr. Stevenson llegó a la conclusión de que el caso de Imad Elawar "sugería" el fenómeno de la reencarnación y que no existía ninguna explicación para el caso que no fuera la existencia previa de Imad en otra encarnación como Ibrahim Bouhamzy.

Naturalmente que existen en archivos infinidad de casos de personas que dicen haber vivido en otros tiempos, en otros cuerpos. Pero ninguno ha sido tan verificado, ni tan bien documentado como el de Imad Elawar. Hoy en día continua siendo el caso clásico por excelencia de la sobrevivencia del espíritu después de la muerte y del misterio de la reencarnación.

Todo esto nos lleva a preguntarnos: ¿Existe suficiente evidencia que pruebe sin ningún género de duda el fenómeno de la reencarnación?. Desafortunadamente, la respuesta es no. La evidencia existe pero no es lo suficientemente fuerte o indiscutible. Aún el caso de Imad Elawar puede ser sometido a disputa. Después de todo, los padres pudieron haber planeado todo de antemano y haber instruido al niño, que obviamente éra muy precoz. No hay forma de probar que esto no sucedió a pesar de que el Dr. Stevenson está convencido de la honestidad de todas estas personas. Por esta razón, el Dr. Stevenson título su libro, "Veinte Casos que Sugieren la Reencarnación," no que prueban la reencarnación. Esta actitud cautelosa del Dr. Stevenson es típica de todo científico serio y es necesaria para poder substanciar toda verdad científica. Y en último caso, es esta actitud escéptica la cual nos libra de la superstición, del fanatismo y de la ignorancia.

En un tema de tan tremenda importancia como lo es la reencarnación, todo detalle y todo dato tiene que ser medido y estudiado meticulosamente. Existe mucha evidencia a su favor, pero se necesita más. En estos momentos hay cientos de laboratorios a través de todo el mundo trabajando incesantemente para darnos las pruebas definitivas que necesitamos. Estas pruebas son necesarias porque pueden transformar a la humanidad. Si alguna vez aparecen pruebas contundentes de que existe la reencarnación, de que existe la vida después de la muerte, el ser humano va a mirar la vida de forma distinta. Los criminales van a pensarlo dos veces antes de cometer un nuevo crimen. Aquellos con tendencias suicidas también considerarán sus actos. La vida de la humanidad entera puede cambiar. Por eso es necesario esperar a que sea la ciencia la que nos dé la prueba definitiva. La fe no es suficiente, porque no exige pruebas. Pero cuando la ciencia cree en algo, el mundo entero cree.

Capítulo 5

❧ ❦

La Vida del Espíritu

En capítulos anteriores hemos visto que existe una gran posibilidad de que la personalidad, quienes realmente "somos," continúa existiendo después de la muerte del cuerpo físico. Lo que continúa existiendo es la energía electromagnética de la que está compuesta nuestra mente, el ego familiar con el que habitualmente nos identificamos.

También hemos discutido la posibilidad de pasar por un túnel de luz y encontrar a su final una figura "crística" y espíritus elevados que ayudan al ser recién fallecido a adaptarse a su nueva existencia. Esta existencia tiene lugar en el mundo astral, un mundo formado de vibraciones electromagnéticas de diferentes magnitudes y densidades donde cada espíritu encuentra su lugar de acuerdo a su nivel de vibración. En este mundo astral existen paisajes, países, mares, fauna y flora igual que en la tierra porque son creados por la mente de los seres que allí viven y que anteriormente vivieron en este planeta.

Según existen zonas bellas y espíritus superiores en el mundo astral también existen zonas espantosas y seres igualmente escalofriantes. Estas zonas terribles son también creadas por las vibraciones mentales y los recuerdos de los seres que en ellas habitan, los cuales durante su estadía en la tierra cometieron graves crímenes o acciones destructivas.

Las entidades o espíritus que existen en el mundo astral no pueden ascender a planos superiores. Sin embargo pueden bajar a planos inferiores. Esto se debe a que cada plano tiene su grado de vibración el cual es más rápido que los planos inferiores y más lento que el de los planos superiores. El grado de vibración de un espíritu depende de su desarrollo y está en harmonía exacta con el plano al que pertenece. Al ascender a un plano superior el espíritu no puede resistir el nivel de vibración más fuerte y baja de nuevo a su plano. Pero si baja a un plano inferior las vibraciones, siendo más lentas, no afectan su composición molecular y puede quedarse en él si así lo prefiere. De acuerdo a las escuelas místicas, los llamados espíritus superiores sólo bajan a los planos inferiores en misiones especiales para ayudar a los seres que habitan esas regiones oscuras a elevarse sobre sus pasadas faltas y buscar su redención.

Hasta ahora hemos estado discutiendo posibilidades basadas mayormente en datos científicos o información recibida por personas que han estudiado el fenómeno de la vida después de la muerte desde el punto de vista místico o espiritual.

Vamos a pasar ahora a considerar la vida del espíritu en esas regiones ultrasónicas fuera del mundo físico que conocemos. Para lograr esto es necesario usar la especulación pero la especulación basada en la lógica y la probabilidad.

De acuerdo a lo que hasta ahora hemos visto, los espíritus de planos inferiores no pueden ascender a planos superiores pero sí pueden descender a planos más densos que los que ellos habitan. Obviamente uno de los planos más densos que existen es el plano material. ¿Pueden bajar a nuestro plano material espíritus "desencarnados," es decir, espíritus de seres que han muerto, que no están "encarnados" en la tierra? Swami Panchadasi, en su tratado sobre el Mundo Astral, nos dice que no, que solamente los cuerpos astrales de las personas que han muerto continúan—por un corto tiempo—manifestando su presencia en la tierra. Sin embargo es posible, según el mismo Panchadasi, que un espíritu baje a planos más densos si así lo desea. Esto quiere decir que mucho después de que el cuerpo astral de una persona haya sido destruido el espíritu de ésta, conscientemente, puede volver a la tierra, cuando quiera. Si esto es cierto, ¿qué puede detener a espíritus maléficos regresar al mundo material a atormentar o a tentar a los seres humanos? Igualmente pueden espíritus de seres que fueron buenos también regresar a ayudar a seres queridos o a inspirar a la humanidad a elevarse sobre sus miserias. Estas posibilidades están basadas en la evidencia de personas que han tenido experiencias de orden místico o "sobrenatural" con seres fallecidos o con espíritus superiores.

Uno de los casos más famosos de experiencias de este tipo es el de la inglesa Rosemary Brown, autora del libro "Sinfonías Incompletas." En este libro cuenta que desde que ella era una niña tenía una visión recurrente de un hombre vestido en el estilo de a mediados del siglo 19 que le aseguraba que un día ella iba a recibir instrucciones para escribir música clásica directamente de compositores famosos ya fallecidos.

Pasó el tiempo y Rosemary creció, se casó y enviudó. Al quedarse sola, con dos niños pequeños, su vida se complicó grandemente y tuvo épocas de gran pobreza y de desesperación. Un día, al pasar frente a una tienda de antigüedades, vió en la vitrina un retrato del hombre al que ella había visto en visiones cuando era niña. Llena de curiosidad, entró a la tienda para enterarse de la identidad del hombre del retrato. Al preguntarle al dueño de la tienda quién era el extraño personaje, éste le contestó que se trataba del famoso compositor polaco Franz Liszt.

Muy impresionada con esta información, Rosemary regresó a su casa de inmediato y se sentó en su pequeño escritorio. Acercó hacia sí una hoja de papel en blanco y sin saber cómo comenzó a trazar las líneas de un pentagrama, y en él, las complicadas notas de una sonata para el piano. Rosemary Brown no es pianista. Sólo conoce unas pocas notas y más que tocar el piano, lo aporrea. Sin embargo cuando llevó la composición que había escrito automáticamente, sin pensar, a que fuera analizada por un perito musical, éste le dijo que se trataba de una pieza escrita en el estilo definitivo de Franz Liszt.

Esto sucedió en 1964. Desde entonces Rosemary Brown ha escrito docenas de composiciones en los estilos auténticos de compositores famosos como Chopin, Beethoven, Debussy, Rachmaninoff, Brahms, Bach, y naturalmente, Liszt. De acuerdo a Rosemary, todas estas obras le han sido dictadas directamente por los compositores mismos en sus idiomas natales. Estos idiomas fluctúan desde el polaco hasta el francés, el ruso y el alemán. Cuando Chopin, que era polaco, le dicta en su idioma, Rosemary escribe la comunicación fonéticamente—es decir, según suena—y luego le pasa el material a un amigo polaco para que lo traduzca. La más reciente obra recibida por Rosemary es la Decima Sinfonía de Beethoven, quien como todos saben, escribió nueve sinfonías antes de morir. Esta décima sinfonía, según Rosemary, es un enorme trabajo coral como lo es la novena. Rosemary espera que le tome varios años terminar este proyecto, que dice ser grandioso.

La reacción del mundo de la música sobre estas obras "póstumas," ha sido mixto. Algunos críticos han encontrado que la música no es lo mejor que estos compositores pudieron haber escrito y que más bien está a la altura de sus obras tempranas. Por otra parte, muchos músicos de fama se han quedado maravillados con la música producida por Rosemary. El pianista Hephzibah Menuhin ha dicho que el mira a estas composiciones con el mayor respeto ya que han sido escritas en el estilo idéntico de cada maestro. El compositor Richard Rodney Bennet ha sido más explícito y ha dicho que muchas personas pueden improvisar pero que es imposible haber creado música como la recibida por Rosemary sin haber tenido muchos años de entrenamiento. El mismo se considera incapaz de duplicar las composiciones de Beethoven recibidas por Rosemary.

En un caso parecido, un joven pintor brasileño pinta a oscuras y con los ojos cerrados pinturas en los estilos de Renoir, Picasso, Monet, Toulouse Lautrec, Van Gogh y Da Vinci. Cada pintura es individual y lleva el sello personal de cada maestro igual que las composiciones de Rosemary Brown.

Hemos visto que según el Swami Panchadasi muchas obras de arte son creadas en el mundo astral, las cuales más tarde son manifestadas en el mundo material. Los casos arriba citados tienden a corroborar las enseñanzas de Panchadasi.

Otro caso muy famoso que tiende a comprobar la sobrevivencia del espíritu después que el cuerpo ha muerto, sucedió en Inglaterra en 1930. En octubre de este año tuvo lugar una grave tragedia aérea durante el cual un dirigible británico, conocido con el código de R101, se estrelló en una montaña francesa. De sus 54 pasajeros, 48 murieron instantáneamente, entre ellos su capitán, el teniente de navegación, H.C. Irwin.

Dos días después de la tragedia, un grupo de espiritualistas, entre los cuales se encontraba el famoso investigador psíquico Harry Price y el periodista Ian Coster, se reunieron en el Laboratorio Nacional de Estudios Psíquicos con una joven psíquica llamada Eileen Garrett. La intención de estos investigadores era tratar de establecer contacto con el espíritu de Sir Arthur Conan Doyle, quien había sido en vida un ferviente espiritualista y creyente en la vida después de la muerte. Sir Arthur Conan Doyle, mejor conocido por su famoso personaje Sherlock Holmes, había dedicado la mayor parte de su vida al estudio de la sobrevivencia de la personalidad y había tratado en vano por muchos años de ponerse en contacto con su difunta madre y con su hijo, quien había perecido en la primera guerra mundial. Los investigadores estaban seguros de que si el espíritu de Sir Arthur Conan Doyle había sobrevivido el trauma de la muerte, iba a tratar de establecer contacto con ellos.

Poco tiempo después de que todos los presentes estaban sentados en el cuarto donde el experimento iba a tener lugar, Eileen Garrett cayó en trance. Pero en vez de escuchar la voz de Sir Arthur Conan Doyle, lo que los investigadores escucharon fue una voz angustiada que se anunció como el teniente de vuelo H.C. Irwin, capitán del malogrado dirigible R101. Rápidamente, con voz entrecortada, Eileen Garrett, bajo la supuesta posesión del capitán Irwin, procedió a detallar en lenguaje técnico exactamente cómo y por qué había ocurrido el accidente. Tanto el interior como el exterior del dirigible, su maquinaria, los elementos hidráulicos y mecánicos que lo componían, y las razones explícitas que habían ocasionado su destrucción fueron descritas por Eileen Garrett, quien no tenía conocimiento alguno de aeronáutica.

El reportero que tomó esta comunicación en taquigrafía la publicó inmediatamente y eventualmente los datos de esta sesión memorable llegaron a oídos de uno de los ingenieros que construyó el dirigible. Este ingeniero, de apellido Charlton, quedó tan impresionado con el material dado por Eileen Garrett durante la comunicación, que decidió comenzar sus propias investigaciones psíquicas y eventualmente se convirtió en un gran creyente de la vida después de la muerte. En la opinión de Charlton, los datos dados por Eileen Garrett bajo la posesión del capitán Irwin eran estrictamente confidenciales, muchos de ellos secretos, y sólo eran conocidos por el capitán del dirigible y por los miembros del gobierno que tomaron parte en su construcción. Era pues indiscutible, de acuerdo a Charlton, que el capitán Irwin había establecido una comunicación consciente a través de Eileen Garrett, con la intención de informarle al gobierno las razones por la tragedia y cómo evitar otras similares en el futuro. Seis meses más tarde una corte de investigaciones comprobó que todos los datos dados por Eileen Garrett durante la ya famosa comunicación eran exactos hasta el más mínimo detalle.

Este ha sido sin duda uno de los momentos más dramáticos en la investigación de la vida después de la muerte y estableció a Eileen Garrett como una de las psíquicas más famosas en el mundo entero. Años más tarde escribió varios libros sobre el ocultismo, entre los cuales se encuentran su ya clásica obra, "La Telepatía," y la igualmente popular, "Aventuras en lo Supranormal."

Entre los científicos notables que han tratado de encontrar pruebas de que la personalidad sobrevive a la muerte estuvo Tomas Alva Edison, inventor del fonógrafo y de la bombilla eléctrica. Edison estaba convencido de que existía una frecuencia radial entre las ondas cortas y las largas, la cual podía servir como contacto directo entre nuestro mundo y el mundo astral. Por muchos años trató de inventar un aparato que le permitiera establecer este contacto pero nunca lo logró. Otro científico que trabajó en secreto tratando de crear una maquinaria que le permitiera recibir mensajes del pasado lo fue Guillermo Marconi, el inventor de la radio. La esperanza de Marconi, quien era un devoto católico, era poder recibir a través de las ondas radiales las últimas palabras de Jesús en la cruz.

Una de las manifestaciones más excitantes en años recientes sobre la vida después de la muerte, es la grabación de voces de quienes aparentemente son seres fallecidos, algunos de ellos famosos. Estos experimentos comenzaron con la experiencia de un productor de cine sueco, nacido en Rusia, llamado Friedrich Jurgenson. Por varios años Jurgenson había acostumbrado grabar los trinos de los pájaros en los bosques de Suecia. Una mañana al regresar a su casa después de una jornada en los bosques, puso a funcionar su grabadora y en vez de escuchar el piar de los pajaritos, lo que escuchó fue la voz de su madre muerta que le decía: "Friedel, mi pequeño Friedel, ¿puedes oirme.?" Estupefacto, Jurgenson, volvió a repetir la grabación y de nuevo volvió a escuchar la voz inconfundible de su madre, la cual tenía muchos años de muerta. Esta experiencia impresionó a Jurgenson de tal modo que comenzó una larga serie de experimentos durante los cuales grabó cientos de voces que aparecían misteriosamente en sus cintas magnetofónicas. Alrededor de 1967 el Papa Pablo VI le condecoró por su trabajo como productor de cine, pero existen rumores de que el vaticano se había interesado grandemente en los experimentos de Jurgenson con voces del mundo astral.

Tan pronto los experimentos de Jurgenson fueron dados a conocer, otros investigadores comenzaron una nueva serie de experimentos. Entre ellos estaba un psicólogo de Latvia, el Dr. Konstantin Raudive, quien utilizó instrumentos nuevos de gran sensitividad en sus investigaciones. Para 1968, Raudive había grabado más de 70,000 voces todas las cuales, según él, provenían del más allá. El trabajo de Raudive alcanzó tal resonancia que eventualmente toda grabación recibida de voces sobrenaturales pasó a conocerse como "voces Raudive." Según Raudive, cualquier persona puede llevar a cabo estos experimentos, usando grabadoras lo más sensitivas posible y grabando sonidos simples de la naturaleza, tales como trinos de pájaros, el murmullo de un río, el sonido de la lluvia, del trueno o del relámpago. Luego de grabar estos ecos naturales, escucharlos con mucho cuidado y tratar de descifrar entre los sonidos naturales otros de tipo sobrenatural.

Entre los seres famosos que Raudive grabó en sus cintas estuvieron Churchill, Tolstoy, Nietzsche, Hitler, Kennedy y Stalin. La mayor parte de los mensajes recibidos por Raudive eran cortos y casi todos aludían a la sobrevivencia del espíritu. "Los muertos viven, Konstantin"; "Nosotros existimos, Konstantin"; "Por favor, cree." Estos eran los mensajes típicos recibidos por el psicólogo de Latvia.

En 1970, un estudiante inglés llamado David Ellis recibió una beca de la Universidad de Cambridge para que estudiara las voces grabadas por el Dr. Raudive. Después de varios años de estudiar las cintas, Ellis concluyó que las voces eran legítimas, pero que tal vez el mismo Raudive las hubiera creado con su propia mente. La otra posibilidad era que de verdad fueran grabaciones de espíritus habitando el mundo astral, una posibilidad que David Ellis no se atrevía a verificar.

Es obvio, por lo que hemos visto hasta ahora, de que existe suficiente evidencia para establecer la posibilidad de que "algo", el espíritu o la personalidad de un individuo, sobrevive el trance de la muerte. También existe la posibilidad de que estos espíritus traten de establecer contacto con los seres humanos que aún viven sobre la tierra. Este contacto puede ser de muchos tipos. Entre los varios tipos de contacto está la grabación de la voz, como hemos visto. Pero también existen casos donde personas normales, no precisamente psíquicas, han visto la forma física tangible de alguien que está muerto.

Aquí debo relatar un suceso que sucedió en mi ciudad natal en Arecibo, Puerto Rico, varios años atrás, y que es el ejemplo más impresionante que conozco de la materialización de un espíritu.

Debido a que la familia que tuvo esta experiencia aún vive en Arecibo, me reservo su nombre, pero el caso es tan conocido que casi toda la ciudad sabe los detalles. Esta familia tenia una hija única la cual vivía con su esposo en la gran casa solariega de sus padres. La muchacha, que tendría en ese tiempo, unos veinticinco años de edad, trabajaba en el vecino pueblo de Aguadilla a una hora de distancia de su hogar. Todos los días conducía su coche al trabajo y regresaba a su casa alrededor de las seis de la tarde. Una tarde lluviosa en su regreso a su casa, el auto que manejaba resbaló en la autopista y chocó contra un árbol que estaba al lado de la carretera y la chica quedó muerta en el acto. La muerte de su hija devastó a los padres ya ancianos, a la vez que a su joven esposo. Por mucho tiempo la casona, antes tan alegre con los ecos de risas juveniles, se cubrió de silencio y de luto.

Unos seis meses después del accidente, cerca de las seis de la tarde, un chofer de carro público venía manejando por la carretera de Aguadilla a Arecibo. El día había estado flojo y el carro iba vacío. Frente al árbol donde sucedió el accidente, el chofer vio a una joven vestida de blanco que le hacía señas para que se detuviera. El hombre paró el carro, esperando ganar por fin un par de dólares. La muchacha entró al carro y le pidió al hombre que la llevara hasta Arecibo. Al principio, el chofer se negó ya que la distancia era muy larga, pero la muchacha insistió ofreciéndole una generosa propina si la llevaba a Arecibo. Tentado por la generosa oferta, el chofer accedió a las súplicas de la muchacha. Durante todo el viaje, la muchacha guardó el más completo silencio, y el chofer, que estaba cansado tampoco dijo nada. Al llegar a Arecibo, la muchacha le dio las indicaciones necesarias al hombre hasta llegar a una casa grande, elegante, en el medio de la ciudad. Tan pronto el carro se detuvo, la muchacha bajó de él y le dijo al chofer que esperara unos momentos en lo que iba adentro a buscar el dinero que le había ofrecido. Viendo el aspecto adinerado de la casa el chofer no sintió sospecha alguna y observó como la muchacha subió las escaleras y entró a la casa.

Pasado el tiempo, viendo que la muchacha no regresaba y temeroso de haber sido engañado, el chofer salió del carro, y subiendo las escaleras de tres en tres, comenzó a golpear con toda su fuerza la puerta de la casa. Casi de immediato esta se abrió y apareció el rostro pálido de un hombre joven de aspecto triste. El chofer le contó lo que había sucedido y terminó exigiendo que llamara a la muchacha para que le pagara su dinero. El joven le contestó que estaba equivocado, que allí no había entrado nadie. El chofer, completamente seguro de que se trataba de un ardid para no pagarle, se llenó de indignación y amenazó con llamar a la policía si no se le pagaba su dinero.

De pronto el muchacho palideció aún más de la cuenta y le dijo al chofer que esperara un poco en lo que regresaba. El hombre, aún molesto y lleno de sospecha, le pidió que no se demorara. Al cabo de unos minutos el muchacho regresó con un retrato en las manos. Era una fotografía ampliada de la chica que había viajado con el chofer desde Aguadilla.

"¿Es ésta la joven que le pidió que la trajera a esta casa?" le preguntó el muchacho al chofer.

"Ésa misma, lo juro por mi madre," respondió el hombre.

"Pues esta es mi esposa," dijo el muchacho, "que se mató hace seis meses en un accidente automovilístico en el mismo sitio donde usted dice haberla recogido."

El chofer, al escuchar estas palabras, comenzó a temblar como un azogado y terminó esa noche en el hospital donde estuvo varios días en observación debido a la impresión recibida.

Si es cierto, de acuerdo a Panchadasi, que el cuerpo astral continúa existiendo por un tiempo en la tierra después de la muerte y que es éste el que se manifiesta durante casos como el que he relatado, también es cierto que muchas de las manifestaciones que se han recibido del más allá vienen de seres que llevan mucho tiempo de muertos. De acuerdo a las enseñanzas que hemos discutido en este libro, los cuerpos astrales de estos seres tienen que haberse desintegrado mucho tiempo atrás. De manera que si de verdad estos seres han establecido contacto con personas humanas, este contacto ha sido hecho por el espíritu de cada uno de estos seres y no por su cuerpo astral.

Si esto es cierto, y los espíritus de seres que habitan el mundo astral pueden establecer contacto con el mundo material, podemos decir que es posible que nuestras acciones y pensamientos estén constantemente influenciados por estos seres, muchas veces sin nosotros saberlo. Esta influencia puede ser de orden positivo o de orden negativo según sea el nivel de evolución del espíritu que trata de influir en nosotros. Por esta razón, todas las escuelas místicas y religiosas nos enseñan que cada vez que tengamos que tomar una decisión importante debemos estar seguros de que lo que vamos a decidir, seamos nosotros mismos los que estemos decidiéndolo, no una influencia fuera de nosotros.

Basado en la evidencia científica y psíquica comprobada que hemos estudiado hasta aquí, podemos especular lo siguiente:

Es muy probable que, cuando una persona muere, sus instintos y emociones, es decir su cuerpo astral, sobreviva por un tiempo junto a algunas memorias y rasgos típicos de esa persona. Luego, este cuerpo astral se desintegra poco a poco. Mientras tanto, la personalidad, el ego, el espíritu de la persona descansa por un tiempo en el mundo conocido como el astral, y luego pasa automáticamente a la zona del mundo mental que le corresponde de acuerdo a la vibración y densidad de su esencia. Ahí trabaja y crea a veces obras de arte, tal vez parecidas a las que creó mientras vivió en el mundo material. Estas obras más tarde pasan a ser manifestadas en el mundo físico. Desde el mundo astral o mental, el espíritu, una vez que despierta de su sueño reparador, puede bajar a planos inferiores como el plano de la tierra, pero no ascender a planos superiores. Generalmente los espíritus "desencarnados" bajan a la tierra con la intención de influenciar de alguna forma a los seres humanos. Esta influencia puede ser negativa o positiva, de acuerdo al nivel moral del espíritu.

En el mundo astral el espíritu vive una vida tan sólida y real como lo es la nuestra para nosotros en el mundo material. Esto se debe a que el ser, ya sea físico o espiritual, tiende a identificarse con el plano en el cual vive. Como el plano está formado del mismo grado de vibraciones que el cuerpo espiritual o físico, éste lo percibe como la verdadera realidad.

Este mundo astral, misterioso e insondable, se nos revela en todo su esplendor durante nuestros sueños. Por eso este mundo fantasmagórico de la imaginación nos parece tan real cuando dormimos, simplemente porque estamos viajando en nuestro espíritu en el mundo al cual el espíritu pertenece. Cuando soñamos nos movemos a través de los sub-planos de ese mundo astral donde podemos tener experiencias exhilarantes o aterradoras. Sólo cuando tenemos los llamados sueños lúcidos, durante los cuales estamos conscientes de que estamos soñando, podemos controlar el mundo astral de los sueños y hacer en el lo que se nos antoja. Esta vida del espíritu en el mundo astral es la verdadera vida. Nuestra vida en el mundo material es sólo un teatro, una experiencia nueva, un peregrinaje que hace el espíritu por cierto tiempo, al final del cual regresa a su verdadero mundo, el mundo astral.

Capítulo 6

❧ ❧

Arquetipos Espirituales

El concepto de los arquetipos fué introducido a nuestro lenguaje psicológico por el gran psicoanalista suizo Carl Gustav Jung. Según Jung cada subconsciente humano, lo que él llamó el Inconsciente, está formado por diversos arquetipos o entidades. Cada una de las cuales representa, a la vez que controla, un aspecto de la personalidad.

Cada arquetipo es una concentración de energía psíquica, identificada por Jung como libido. Esta energía o libido, representada como los diversos arquetipos o entidades espirituales, tiene la identidad especial de cada arquetipo.

Entre los arquetipos descritos por Jung como partes integrales de la personalidad o psiquis están los siguientes: el ego o personalidad consciente; el superego o la parte idealista de la psiquis; la sombra o la concentración de todos los instintos negativos; el ánima o aspecto femenino de la psiquis de un hombre; el animus o aspecto masculino de la psiquis de una mujer; la amazona o la concentración del poder intelectual; el mago o concentración del poder espiritual; la gran madre o símbolo de los instintos maternales; el anciano o símbolo de los instintos paternales; y otros de igual importancia para cada persona.

Cada arquetipo es un aspecto diferente de la personalidad y debe estar en harmonía con los otros arquetipos.

De lo contrario surgen desbalances que pueden llevar a desequilibrios mentales. La mayor parte de las personas tienen un balance adecuado entre los distintos arquetipos. Cuando uno de estos tiende a dominar a los demás la persona reacciona con disturbios nerviosos o mentales, tiene pesadillas, temores, inseguridades y depresiones.

Además de los arquetipos o componentes de la psiquis humana, existen arquetipos universales de orden cósmico que generalmente se identifican con personajes históricos, figuras religiosas, héroes legendarios y entidades sobrenaturales como los ángeles, las hadas, los gnomos, las sílfides, las sirenas y los dioses de las diversas mitologías

De acuerdo a Jung todos los Subconscientes o Inconscientes humanos forman un gran conjunto que el bautizó con el nombre del Inconsciente Colectivo. Este es una especie de lago mental donde todas las mentes o psiquis humanas eventualmente se encuentran. Cuando una persona duerme o está inconsciente, cuando está meditando o divagando, su mente o espíritu—si se prefiere llamarle así—desciende al Inconsciente Colectivo a descansar o a recuperar fuerzas. Es en estos momentos que dos personas que se conocen pueden establecer contacto la una con la otra. Esto explica muchos de los casos conocidos como telepatía o clarividencia donde una persona "sueña" con otra persona y al otro día ésta la llama o se la encuentra en la calle.

Cuando un arquetipo es formulado en el Inconsciente Colectivo de la raza humana pasa a formar parte de los arquetipos que componen cada mente o psiquis individual, no importa a que grupo étnico pertenezca esa persona. Por ejemplo, en el momento que Jesús fue aceptado como el Mesías o Redentor del mundo para los cristianos, pasó de inmediato a existir de esta forma en la mente colectiva de la humanidad tanto de los cristianos, como de los judíos, los árabes, los chinos y otros que nunca escucharon hablar de él. Esto no significa que personas que no son cristianas acepten a Jesús como Mesías o Redentor. Lo que significa es que la imagen telesmática de Jesús y su significado religioso existe en toda psiquis humana porque todas las psiquis humanas comparten los mismos arquetipos según comparten el Inconsciente Colectivo.

La imagen telesmática es un símbolo o figura en la que se reúnen todas características del arquetipo. La imagen telesmática de Jesús o "figura crística" es percibida por todo ser humano como la de un hombre joven de barba castaña, cabellos hasta los hombros, vestido con una túnica y manto, sandalias y generalmente con heridas en las palmas de las manos. Esta figura tiene una expresión de suavidad y ternura y la rodea un halo de luz deslumbrante. Por otra parte la imagen telesmática de un ángel generalmente aparece vestida de blanco, con cabellos rubios ensortijados, grandes alas blancas y sandalias romanas. Cuando el ángel es conocido, como lo son Rafael o Miguel, por ejemplo, su imagen telesmática es percibida vestida con los colores asociados con ese ángel. Rafael aparece vestido de amarillo y violeta mientras que Miguel está vestido de rojo y verde.

Algunos de los arquetipos son más recientes que otros. Jesús, el Buda, Zoroastro, y las figuras de los santos son conceptos históricos y datan de épocas definidas. Otros, como los ángeles, a pesar de haber sido conocidos por civilizaciones antiguas como la de los babilonios y los hebreos, son conceptos cósmicos cuyo verdadero origen se desconoce.

Otro arquetipo de orden cósmico universal es el de la Virgen María. A pesar de que María posee, como Jesús, una identidad histórica, y su origen procede de una época definida, su identificación con la madre universal, la mujer perfecta por excelencia, la transforman en un arquetipo cósmico. Es decir, su esencia transciende su origen humano y se identifica con el aspecto femenino de Dios, que es la Madre Divina, la Madre Universal, el Espíritu Santo. En este sentido, la importancia de María trasciende la de Jesús mismo.

Entre los arquetipos universales más poderosos están los religiosos, como los de Jesús, la Virgen María, los ángeles y los santos. En religiones sincréticas como la Santería, donde los santos han sido identificados con los orishas de la religión yoruba, tanto el santo como el orisha tienen identidades separadas. El orisha Changó, por ejemplo, identificado comúnmente con Santa Barbara, tiene su propia imagen telesmática que es la de un dios africano, de facciones bellísimas, vestido de rojo y blanco, con una corona formada de caracoles y la cara cubierta por un velo de cuentas. En una mano empuña un hacha de dos filos. La imagen de Santa Barbara, por otra parte, es el de una adolescente virginal vestida con una túnica blanca y manto rojo. En una mano tiene una espada y en la otra una copa. Sobre su cabeza reposa una corona y a sus pies hay un castillo. A pesar de que Changó se identifica con Santa Bárbara, cada uno es un arquetipo distinto.

El arquetipo religioso funciona como proveedor de la energía psíquica que Jung llamó libido y que en Santería se conoce como aché. No importa el nombre que se le dé a esta energía. Lo importante es reconocer que es la sustancia primordial de la cual todo fue creado y la cual es la base de todo lo que existe. Este aché o libido es necesario para lograr todo lo que se desea porque sin él nada es posible.

Cada arquetipo religioso contiene una gran concentración de esta energía, y para conseguirla es necesario abrir la puerta que controla al arquetipo. Esto no es tan fácil como parece y por eso existen tantas oraciones y rituales mágicos y religiosos. Cada uno de estos lo que trata de lograr es funcionar como la llave que abre la puerta detrás de la cual se encuentra el arquetipo deseado.

Es importante recordar que cada arquetipo controla un aspecto distinto de la vida humana. Al principio de este capítulo mencioné los arquetipos personales, como el ego, el superego, la sombra y otros parecidos. Luego les hable de los arquetipos universales, entre los que se encuentran los religiosos. Cada uno de estos arquetipos controlan ciertos intereses humanos.

El arcángel Miguel, por ejemplo, es el símbolo de la justicia y del control del mal y de los enemigos. Por eso, cuando se desea ayuda en asuntos relacionados con la justicia, el control del mal o de los enemigos, se reza o se invoca a este gran arcángel. En asuntos amorosos, existen varios arquetipos que se pueden invocar, tales como San Antonio, Santa Elena, Santa Marta, el arcángel Anael o la orisha Oshun en la Santería. En Santo Domingo, se invoca a Anaisa y en Venezuela a María Lionza. Lo que debemos saber es que todos estos arquetipos que controlan el amor, son parte de la misma energía, y que a pesar de que tienen distintos nombres funcionan de la misma manera.

No es fácil entrar en contacto con el arquetipo deseado, pero una vez que el contacto queda establecido y la puerta se abre, la energía del arquetipo fluye y lo que se desea se logra. Lo difícil no es sólo conseguir establecer contacto, sino utilizar sólo la energía adecuada para alcanzar lo que se necesita. En los casos donde la energía no ha podido ser controlada y la puerta de ese arquetipo ha permanecido abierta, el resultado ha sido que la fuerza del arquetipo ha dominado de tal manera a la persona que se ha adueñado de su mente y de su personalidad ocasionando un total desequilibrio mental o psicosis. Uno de los casos más famosos de este tipo lo fué el del gran filósofo alemán Nietzche, quien comenzó a experimentar con el arquetipo universal conocido como Zoroastro. Eventualmente, Zoroastro se posesionó de Nietzche de tal forma que este perdió la razón y terminó suicidándose. En otras palabras, la energía psíquica expresada como el arquetipo de Zoroastro fué liberada por de su Inconsciente con tal fuerza que ya le fué imposible volverla a contener de nuevo. Esta poderosa energía ocasionó un fuerte desbalance en la mente de Nietzche y no le permitió a los otros arquetipos mantener la harmonía natural de su personalidad.

La posesión de una persona por un arquetipo, sin gran peligro, puede ser posible bajo ciertas circunstancias. Esto sucede cuando el arquetipo que posesiona a la persona se identifica con su superego, es decir con el aspecto superior del Inconsciente. En la Santería el arquetipo que se identifica con el superego se conoce como el ángel guardián de una persona y se dice que es quien rige o dirige a esa persona. Un hijo o hija de Elegguá puede ser "montado" o posesionado por este orisha o "santo," sin peligro para esa persona. Durante la posesión, la persona pierde todos los rasgos de su individualidad y actúa y se comporta como si fuera Elegguá mismo. Esto se debe a que la energía psíquica que forma al arquetipo conocido como Elegguá brota a grandes cantidades del Inconsciente de la persona y la domina totalmente. Esa persona es Elegguá en esos momentos.

También es posible que más de una persona sea posesionada del arquetipo de Elegguá a la misma vez porque, como les expliqué anteriormente, cada arquetipo universal forma parte del Inconsciente Colectivo y existe en todas los Inconscientes humanos.

Una de las razones por la cual Elegguá puede tomar posesión de una persona sin ocasionar un desequilibrio mental como en el caso de Zoroastro y Nietzsche, es que en la Santería la psiquis de cada iniciado o santero es "preparada" de antemano para recibir esta gran energía psíquica que es el arquetipo de su ángel guardián.

Esta preparación tiene lugar durante la iniciación del santero en los misterios del santo u orisha a quien se consagra. Aun así, cuando un santo u orisha se posesiona de una persona, esta es estremecida y sacudida fuertemente, pasando por convulsiones parecidas a un ataque epiléptico. Esto evidentemente sucede debido a que grandes cantidades de energía psíquica están siendo liberadas en esos momentos y la personalidad consciente de la persona es totalmente eclipsada por la personalidad del arquetipo.

Elegguá es uno solo de los arquetipos de orishas que se manifiestan en la Santería. Todos los santos u orishas se manifiestan de la misma manera, pero con diferentes personalidades.

En la practica del espiritismo, el cual describiremos en detalle en el próximo capítulo, existe la creencia en espíritus guías y en maestros espirituales. Entre estos espíritus guías también existen una gran variedad de arquetipos. Entre estos se encuentran la Madama, la Gitana, el Indio, el Pirata, el Arabe, el Hindú, el Africano, la Monja, el Sacerdote, el Anciano y muchos otros más. Muchas personas practicantes del espiritismo creen firmemente que su guía principal es uno de estos arquetipos.

El arquetipo conocido como la madama es uno de los "guías" más populares en el espiritismo. La madama se caracteriza como una mujer generalmente gruesa, negra, vestida de blanco. Lleva un pañuelo blanco amarrado a la cabeza y casi siempre carga una canasta llena de plantas frescas. Es muy simpática y alegre y su conversación se distingue a menudo por un acento que puede ser haitiano, africano o de Trinidad.

Cuando la madama "baja" y se posesiona de una persona, la energía psíquica del arquetipo surge del Inconsciente de ese individuo y reemplaza a su personalidad. Ese individuo pasa a hablar como la madama, se comporta como la madama y es, en casi todos los aspectos, la madama en sí. Como la madama es un arquetipo universal puede existir en más de un Inconsciente y manifestarse a través de muchas personas. Por eso en el espiritismo hay una gran cantidad de personas que tienen a la madama entre sus espíritus guías.

La energía psíquica de la que están formados los diversos arquetipos es de orden neutral, pero dentro del Inconsciente existen instintos negativos y positivos y son estos los que forjan la personalidad de cada arquetipo. De manera que existen arquetipos positivos, como el de la madama, y arquetipos negativos, que representan "espíritus" de baja evolución y malos instintos. Entre los "espíritus buenos" y los "espíritus malos" existe una tensión y una batalla continua, la cual simboliza el esfuerzo que hace cada individuo para controlar sus impulsos destructivos y realizar sus impulsos creativos. Esta lucha constante forma la base de las creencias y prácticas del espiritismo.

Capítulo 7

❧ ❧

Espiritualismo y Espiritismo

En el ano 1744, el gran científico y místico sueco Emanuel Swedenborg comenzó a escribir extensamente sobre el mundo espiritual y las revelaciones que según él recibía continuamente de santos, ángeles y otros espíritus elevados. Estas revelaciones eran recibidas por Swedenborg a través de sueños y visiones. En muchas ocasiones el místico sueco se encontraba vagando por otros mundos donde era instruido por los espíritus de reyes, papas y diversos personajes bíblicos.

Swedenborg no fue el único científico famoso en tener creencias sobre la vida del espíritu y el misticismo en general. René Descartes, Isaac Newton y Benjamin Franklin compartían estas mismas ideas con Swedenborg. Pero fueron las experiencias de Swedenborg, expresadas en sus libros y tratados, las que despertaron el interés de Europa en la vida después de la muerte, introduciendo un nuevo concepto de su naturaleza.

Antes de Swedenborg, la creencia común del cristianismo era que cuando una persona muere su espíritu pasa de inmediato al cielo o al infierno—o al purgatorio— que es la creencia del catolicismo. De acuerdo a estos conceptos, la vida del espíritu en estas regiones desconocidas es totalmente distinta a la vida en el mundo material. Swedenborg introdujo un concepto nuevo sobre la vida después de la muerte que revolucionó las ideas de su época. Según él, la vida del espíritu es muy parecida a la vida material y sus conversaciones con seres ya fallecidos fué una clara indicación de que la comunicación entre los dos mundos—el de la vida y el de la muerte —eran enteramente posibles.

Alrededor de 75 años después de la muerte de Swedenborg un humilde aprendiz de zapatero tuvo una visión durante la cual el espíritu de Swedenborg y el del médico griego Galeno se le aparecieron para hablarle de la existencia de la vida después de la muerte. Este hombre, llamado Andrew Jackson Davis, a pesar de sólo contar con 18 años de edad y de carecer de educación alguna, comenzó a escribir obras de gran erudición sobre los poderes sobrenaturales del cuerpo humano. Davis llamó a estos poderes magnetismo y electricidad. En 1845 comenzó a dictar—bajo estado de trance—una obra impresionante que se tituló "Los Principios de la Naturaleza, Sus Revelaciones Divinas y la Voz de la Humanidad." En este libro, Davis hizo la siguiente predicción:

"Es cierto que los espíritus se comunican unos con otros, a pesar de que unos estén en el cuerpo y otros en las esferas superiores. Es cierto también que muy pronto se presentará una prueba física de estas verdades. Cuando esto suceda, el mundo acogerá con entusiasmo el comienzo de una era cuando la verdad de la vida del espíritu será revelada."

Tres años más tarde, el 31 de marzo de 1848, Davis dijo haber sentido una respiración tibia pasar sobre su rostro, a la vez que escuchó una voz suave que le dijo, "Hermano, el trabajo ha comenzado. La primera demostración física acaba de ser recibida."

Esto sucedió en Poughkeepsie, New York. No muy lejos de ahí, en el pueblecito de Hydesville, también en New York, ese mismo día, tres niñas estaban jugando en la cabaña que compartían con sus padres. Las hermanas se llamaban Margaret, Kate y Leah Fox. Margaret tenía diez años, Leah tenía nueve y Kate sólo siete.

Hacían varios días que la familia estaba escuchando unos ruidos extraños que salían de la pared en la forma de toques misteriosos. El 31 de marzo, el mismo día que Davis recibió su profético mensaje, las niñas decidieron establecer un diálogo con la entidad invisible que estaba produciendo los ruidos.

Kate, la más pequeña, pidió al inoportuno huésped, que imitara su acción y seguidamente batió las palmas de las manos varias veces. De inmediato se escucharon varios toques en la pared, imitando el sonido hecho por Kate. Margaret, la mayor, queriendo unirse al juego, le pidió a la entidad que contara hasta cuatro. Rápidamente se sintieron cuatro toques en la pared. Esto asustó mucho a las niñas que se fueron corriendo del cuarto, pero regresaron al poco rato con la tercera hermana, Leah, junto a la cual iniciaron con una entidad espiritual la primera serie de comunicaciones en los anales de la historia.

A través de estas comunicaciones, y de un sistema que ellas mismas inventaron de preguntas y respuestas, las tres hermanas averiguaron que el espíritu con el cual se estaban comunicando era el de un vendedor de hierros viejos quien había sido asesinado y enterrado debajo de los cimientos de la cabaña. Cerca de 50 años más tarde, a raíz de una excavación que se hizo para verificar las alegaciones de las hermanas, los restos de un cadáver el cual aparentemente había sido asesinado, fué encontrado debajo de la casa rodeado de los implementos típicos de un vendedor de hierros viejos.

Las experiencias de las hermanas Fox, predecidas por Jackson Davis, marcaron el nacimiento de lo que eventualmente llegó a llamarse Espiritualismo. Las tres hermanas Fox llegaron a ser mediunidades de fama internacional y la creencia en el Espiritualismo cundió como reguero de pólvora por todos los Estados Unidos de donde luego pasó a Europa. En el viejo continente la práctica de la comunicación con espíritus "desencarnados" se convirtió en el último grito de la moda y prontamente aparecieron mediunidades a granel, todas alegando tener facultades extraordinarias para ponerse en contacto con el otro mundo. Algunas de estas eran obvios fraudes, pero otras exhibían increíbles talentos los cuales no eran fáciles de explicar.

Entre las mediunidades más famosas de esta época estuvo el inglés Daniel Dunglas Home, quien tenía la capacidad de levitar, elevándose a varios pies del suelo, llegando a veces a tocar el techo con la cabeza. Las manifestaciones de Home eran espectaculares. No sólo levitaba, sino que a su entrada en un cuarto éste temblaba como si lo sacudiera un terremoto. Manos fantasmas aparecían con sólo cerrar los ojos y sus comunicaciones con espíritus eran de singular exactitud. Durante una de estas manifestaciones, un testigo ocular de gran seriedad, dijo haber visto a Home crecer por lo menos un pie de altura mientras mantenía los pies sobre el suelo. Entre las personas famosas que consultaban constantemente a Home estuvo la gran poetisa inglesa Elizabeth Browning y el emperador francés, Napoleón III.

En 1861, poco tiempo después de la muerte del príncipe Alberto, real consorte de la reina Victoria de Inglaterra, un chico de 13 años llamado Robert James Lees, cayó en trance durante una reunión de espiritualistas en su casa. Mientras Robert estaba en trance, el espíritu de un hombre que decía ser el príncipe Alberto expresó el deseo de comunicarse con la reina. Una de las personas presentes en la reunión era corresponsal de un periódico de Londres y al otro día publicó la petición del espíritu. Esta petición llego a oídos de la reina Victoria, quien de inmediato envío a dos miembros de su corte a una de las reuniones en casa de Robert James Lees. Durante esta segunda reunión, el espíritu del príncipe Alberto volvió a manifestarse y reconoció a los dos miembros de la corte, a quienes saludó con sus nombres correctos, a pesar de que habían llegado a la reunión con nombres falsos. Durante la manifestación del espíritu este escribió una carta a la reina utilizando un nombre secreto que sólo ella conocía. Estas pruebas impresionaron a Victoria de tal modo que mandó a llamar al adolescente Robert James Lees a palacio para hablar con el príncipe Alberto a través de él. Por un tiempo Robert vivió en el palacio, pero de repente el espíritu del príncipe Alberto decidió utilizar otro médium para sus comunicaciones con Victoria. Éste fue un servidor ecuestre del castillo de Balmoral en Escocia. Este hombre, llamado John Brown, llegó a ser el lacayo personal de la reina. Se dice que era una mediunidad de gran talento y durante muchos años sirvió a Victoria como un medio de comunicacion con su bien amado Alberto.

Mientras Robert James Lees estaba en Inglaterra sirviendo de médium para la reina Victoria, en los Estados Unidos el presidente Abraham Lincoln estaba también siendo influenciado por el Espiritualismo.

De acuerdo con una historia narrada por el Coronel Simon F. Kase, quien formaba parte durante esta época de los más altos círculos del gobierno americano, el presidente asistía a menudo a reuniones de espiritualistas. Durante una de estas reuniones, una mediunidad muy joven llamada Nettie Colburn Maynard cayó en trance. Mientras estaba bajo la influencia de un espíritu de orden angelical, la adolescente se acercó a Lincoln y comenzó a disertar sobre la importancia de la emancipación de los esclavos. Según el espíritu hablando a través de Nettie, la guerra civil americana no podía terminar hasta que los esclavos fueran libres ya que Dios había destinado que todos los seres humanos gozaran de libertad de acción. El Coronel Kase, quien estuvo presente durante esta reunión, contó en un libro que escribió sobre el tema, que el espíritu manifestado a través de Nettie expuso grandes y profundos temas durante la comunicación en un lenguaje sublime, usando pruebas y argumentos que no podían ser conocidos por una persona tan joven como la médium.

Dos noches más tarde, durante una segunda comunicación, Lincoln fue enfrentado por el mismo espíritu con un mensaje similar, instando al presidente a que libertara a los esclavos. Al empezar la guerra civil, Lincoln no tenía intención alguna de liberar a los esclavos, pero en septiembre de 1862, cerca de ocho meses después de la comunicación recibida a través de Nettie, el presidente firmó la Proclamación de la Emancipación dándole la libertad a cuatro millones de esclavos. Los libros de historia no verifican esta historia, pero al poco tiempo de haberse liberado los esclavos, la guerra civil llegó a su término, según el espíritu había profetizado.

Durante esta época la práctica del Espiritualismo se caracterizaba por demostraciones por parte de los llamados médiums o mediunidades. Estos eran personas con la habilidad especial de entrar en contacto con los espíritus de personas fallecidas y en algunos casos servirles de modo de comunicación con sus familiares y amigos. Estos médium pasaron eventualmente a conocerse como "caballos" o "casillas" de los espíritus ya que se decía que estos "montaban" o "habitaban" el cuerpo de la mediunidad durante sus comunicaciones.

Las reuniones o sesiones espiritualistas comenzaban con los miembros del grupo sentados alrededor de una mesa redonda, todos cogidos de las manos. Generalmente el cuarto estaba a oscuras ya que se creía que la luz fuerte hacía daño a los médiums en trance.

Durante la sesión el médium producía una gran diversidad de pruebas de sus habilidades. Entre estas demostraciones estaban el ruido de campanas, flautas, panderetas y otros instrumentos musicales. Algunos médiums, como Daniel Dunglas Home, también levitaban, hacían flotar sillas y mesas y producían manos fantasmagóricas e imágenes fosforescentes. Una de las demostraciones más populares de estas sesiones era la de la trompeta flotante, la cual tocaba por sí sola lejos del médium. Pero sin duda alguna, el acto más espectacular de las mediunidades de la época, era la emisión del misterioso líquido conocido como ectoplasma. Esta era una sustancia de consistencia vaporosa que emanaba de la boca o del plexo solar de la mediunidad en trance. El ectoplasma estuvo de gran moda por muchos años hasta que por fin fue probado que su materialización era el producto de un fraude perpetrado por los médiums que alegaban emitirlo.

Naturalmente que la entrada a estas sesiones espiritualistas no era gratis, y los precios variaban de acuerdo a la fama del médium que se prestaba a estas demostraciones. Desafortunadamente para estos médiums, según la tecnología moderna fue desarrollándose, sus triquiñuelas fueron más fáciles de desenmascarar. Eventualmente, las demostraciones físicas en las sesiones espiritualistas cesaron del todo, y un nuevo tipo de médium comenzó a salir a la luz: el médium mental. Este es el médium que establece contacto directo con los espíritus y hace revelaciones a las personas presentes en la sesión sobre asuntos que sólo ellos conocen.

Alrededor del 1850, un francés llamado Hippolyte Leon Denizard Rivail comenzó a estudiar a fondo las prácticas y creencias del Espiritualismo. Con la ayuda de diez mediunidades, Rivail estableció contacto con una serie de espíritus guías con el propósito de que estos contestaran sus preguntas sobre la vida después de la muerte, y acerca de las leyes del cosmos. Las contestaciones recibidas fueron analizadas y presentadas al público por medio de una obra titulada "El Libro de los Espíritus," el cual Rivail firmó bajo el seudónimo de Allan Kardec. En este libro, el estudioso francés incluyó 1018 preguntas y respuestas sobre la creación, la vida del espíritu, la evolución espiritual y la reencarnación. De acuerdo a Allan Kardec, no sólo los espíritus reencarnan, sino que también progresan y evolucionan naciendo en otros planetas más adelantados. Estas creencias de Allan Kardec pasaron a ser conocidas con el nombre de Espiritismo.

Una de las creencias más importantes del Espiritismo es que la caridad es esencial para la salvación del alma. El acto más caritativo que existe es darle salud a otra persona. Esta salud puede ser tanto física como mental o espiritual. Es por esto que la labor continua de la médium espiritista es en hacer la caridad a sus semejantes, particularmente a través de curaciones espirituales.

Después del gran triunfo de su obra "El Libro de los Espíritus," Kardec escribió otros libros de igual importancia, entre los cuales se encuentran "El Evangelio Según el Espiritismo" y su famosa "Colección de Oraciones Escogidas." Muchas de estas oraciones son tan populares en Latino América, que millones de personas las recitan de memoria.

De acuerdo a Kardec el progreso espiritual sólo es posible a través de una serie de encarnaciones progresivas. Una de sus creencias más básicas es el hecho de que Dios asigna a cada persona un grupo de espíritus guías que lo cuidan y protegen y lo ayudan en su adelantamiento espiritual. Una de las tareas de estos guías es la de ennoblecer a la persona por la cual velan y el de tratar de acercarla cada vez más a Dios. Muchos de estos espíritus guías fueron familiares de esa persona durante esta existencia u otras anteriores.

Kardec insistía en la importancia de comunicarse con estos espíritus elevados para recibir su ayuda en la solución de nuestros problemas humanos. Para lograr esto comenzó por adaptar las prácticas del Espiritualismo con las del Cristianismo. Más adelante compuso una serie de oraciones y conferencias, todas las cuales estaban basadas en un estricto código de moral y comportamiento ético. Estas enseñanzas fueron las que compiló en las obras antes mencionadas. Otra personalidad de la misma época que compartió con Kardec sus creencias espiritistas lo fué el famoso Camilo Flammarion, varias de cuyas poesías fueron publicadas en la "Colección de Oraciones Escogidas."

De manera que el tipo de Espiritualismo practicado por Kardec estaba más preocupado con la evolución espiritual del ser humano y su observación de las leyes divinas que con los intereses materialistas del Espiritualismo original. Fué por eso que para establecer una distinción entre las dos prácticas, Kardec decidió identificar a sus enseñanzas con el nombre de Espiritismo.

Los libros de Allan Kardec tuvieron tal impacto en Europa que fueron de inmediato traducidos a varios idiomas incluyendo el español y el portugués. A fines del siglo diecinueve varios de los libros de Kardec fueron introducidos de contrabando en Latino América, especialmente Argentina, Brasil, Cuba y Puerto Rico. A pesar de la prohibición estricta de la iglesia católica, que no cree en la reencarnación, la práctica del Espiritismo se esparció rápidamente por estos países y otros países Latinoamericanos. En nuestros tiempos modernos, Argentina y Brasil cuentan con las concentraciones más grandes de espiritistas en el mundo mientras que alrededor de 90% de todos los cubanos y puertorriqueños son fervientes creyentes en el Espiritismo.

Capítulo 8

※ ※

El Médium

Indudablemente que el corazón, tanto del Espiritualismo como del Espiritismo, es el médium o mediunidad. En el Espiritismo existen varias clases de médiums. Entre estas se encuentran las mediunidades videntes, las clarividentes, las auditivas, las de comunicación, las de arrastre, las intuitivas, las curativas y las de transporte.

El Médium Vidente

Este tipo de médium trabaja solo, o en sesiones espiritistas. Se le llama vidente porque "ve" o percibe a los espíritus. El médium vidente que "trabaja solo" generalmente tiene una consulta privada en su casa donde es visitado por varios de sus clientes acostumbrados y otros que le vienen a ver por recomendación. Durante una consulta típica el médium vidente le revela a su cliente los espíritus que "ve" a su alrededor. Este tipo de médium a menudo "ve" los problemas de su cliente a través de una fuente de agua que coloca en su mesa de trabajo. Durante sesiones espiritistas estos médiums revelan a las personas presentes los diferentes espíritus que perciben. A menudo las descripciones que dan de estos espíritus concuerdan con el aspecto físico de familiares muertos de las personas que están presente en la reunión. Otras veces el espíritu que describen es uno de los guías de alguien que ya conoce al espíritu y el aspecto que toma al manifestarse.

El médium vidente es la mediunidad más común en el Espiritismo. Cerca del 80% de todos los seres humanos han tenido una experiencia "vidente" en algún momento de sus vidas. Muchas veces estas visiones son solamente celajes que vemos de refilón. Sombras que pasan de pronto por nuestro lado y que nos llenan de perplejidad. Pero otras veces son más solidas. Por ejemplo, una secretaria entra al despacho de su jefe y ve allí a una señora de cabellos blancos sentada detrás del escritorio. La secretaria se excusa y regresa a su oficina. A los pocos minutos el jefe entra a la oficina y la secretaria le dice que hay una señora esperándolo en su despacho. Cuando el jefe va a comprobar las palabras de la secretaria encuentra el despacho vacío. Luego de escuchar la descripción que hace la secretaria de la señora, el jefe palidece y se desploma en una silla. La señora que le acaban de describir es su madre la cual falleció la noche anterior.

He aquí otro ejemplo que le ocurrió a un amigo mío recientemente. Este llegó a su casa una noche cerca de la madrugada y al entrar a la cocina vió a uno de sus vecinos tomando una taza de café cerca de la ventana. Un poco asombrado de ver a su vecino en su casa tan tarde en la noche, este caballero lo saludó desde la puerta, pero el otro no le contestó. Más extrañado aún, subió al segundo piso de la casa donde su esposa estaba durmiendo y le preguntó qué estaba haciendo el vecino en la cocina a ésa hora. La señora se sentó en la cama aterrada y le dijo a su marido que la persona que había visto en la cocina había muerto de repente esa misma noche.

El siguiente ejemplo es parecido y me lo contó mi padre siendo yo aun una adolescente. Una mañana mi padre salió de la casa para ir al correo. En la esquina de la calle, donde se encontraba el correo, alcanzó a ver a un señor muy amigo de la familia que se llamaba Don Gabino. Hacía bastante tiempo que mi padre no veía a Don Gabino e inmediatamente se acercó a él para saludarlo. Lo primero que notó fue que el señor, ya anciano, tenía un traje gris puesto que reflejaba el tono grisáceo de su piel. Al saludar a Don Gabino, mi padre vió que éste inclinó la cabeza regresando el saludo, pero no le dijo nada. Extrañado ante la actitud distante del anciano, quien siempre había sido muy cariñoso y efusivo con él, mi padre dió la vuelta y entró al correo. Cuando salió ya don Gabino se había marchado. Al regresar a la casa lo primero que hizo mi padre fué contarle a mi madre su encuentro con Don Gabino. Ésta palideció al escuchar la historia y seguidamente le contó a mi padre que Don Gabino había muerto hacían varios días y que a ella se le había olvidado decírselo.

Estos ejemplos son típicos de médiums videntes. Esto no quiere decir que la persona que "ve" a un espíritu una vez, va a continuar teniendo ese tipo de experiencia. Lo que significa es que la mayor parte de las personas, muchas de las cuales no tienen conocimiento alguno del Espiritismo, han tenido una o más experiencias videntes. Tal vez, en muchos casos, han visto espíritus sin haberse dado cuenta de lo que estaban viendo. Muchos espiritistas creen que por lo menos el 10% de las personas que vemos en la calle son espíritus y no existen en realidad.

El Médium Clarividente

Este tipo de mediunidad, no solo "ve" espíritus sino que también "ve" el futuro o cosas que le van a suceder a sus clientes o a las personas presentes en las sesiones espiritistas. Como el médium vidente, el clarividente puede trabajar solo o en reuniones con otros espiritistas. El médium clarividente puede usar una fuente o copa de agua para "ver" o puede "ver" sin necesidad de esta.

Las visiones del médium clarividente no tienen le misma claridad que los sucesos de la vida diaria. Las cosas que el clarividente ve son percibidas en otra dimensión, como una especie de aura que rodea a la persona que va a tener estas experiencias.

Típicamente, un médium clarividente le puede decir a una persona que está "viendo" que va a dar un viaje, o que va a tener un cambio de trabajo, o que se va a separar de su cónyuge. Muchas veces, las cosas que el médium está viendo le resultan confusas, sobre todo si no conoce a la persona alrededor de quien ve estos sucesos. Cuando esto sucede, el médium le pregunta a la persona si las cosas que está "viendo" tienen algo que ver con ella. Por ejemplo, el médium puede "ver" a una niña enferma al lado de una persona que no conoce. Antes de decirle que su hija está enferma o va a estarlo, primero le pregunta si tiene hijas o si conoce alguna niña que esta enferma. En casos más graves, donde el médium percibe que alguien cercano a una persona, o la persona misma, está en peligro de muerte, generalmente no le dice lo que ha visto con exactitud. Más bien le advierte que existen peligros y que debe cuidarse o cuidar a la persona que peligra.

La mayor parte de los médiums clarividentes, aunque no todos, tienen la habilidad de dar remedios o de ayudar de alguna forma a las personas sobre las que "ven" o perciben acontecimientos.

El Médium Auditivo y el Médium Intuitivo

Estos dos tipos de mediunidades se parecen en el hecho de que no ven sino que "reciben" mensajes de entidades espirituales, generalmente de sus propios guías. La diferencia entre los dos está en que el médium auditivo actualmente "escucha" la voz de su guía o del espíritu con el cual se está comunicando. Por otra parte, el médium intuitivo no escucha sino que "percibe" el mensaje de sus guías o del espíritu que se está comunicando. Esta percepción toma la forma de pensamientos o ideas súbitas de gran fuerza y positividad. Cuando estos pensamientos llegan, el médium sabe instantáneamente que estas ideas no son suyas sino que son el producto de otra mente que está plasmando sus pensamientos en la mente del médium.

A menudo, cuando un médium "percibe," "ve" o "escucha" a una entidad espiritual, esta experiencia es acompañada de fuertes escalofríos. Estos escalofríos se conocen como "fluidos" en el Espiritismo y generalmente significan que un espíritu está cerca, y que lo que se ha recibido es cierto. Esto se conoce como "comprobación" en el Espiritismo.

Muchas veces, durante una sesión espiritista, más de uno de los médiums presentes reciben el mismo mensaje, ya sea por medio de videncias, clarividencias o audición. Cuando esto sucede se dice que el mensaje queda comprobado ya que más de un médium lo ha recibido.

El Médium de Comunicación

Este es tal vez el tipo de médium más importante en el Espiritismo, ya que es la mediunidad a través de quien se manifiestan los espíritus. El médium de comunicación es conocido como la casilla o caballo de los espíritus. Durante el contacto entre el médium y el espíritu lo que sucede es que la personalidad del médium "cede" momentáneamente su "cerebro" al espíritu el cual se "posesiona" del médium. El espíritu así poseso, pasa a expresarse en la forma con la cual generalmente este se identifica.

Típicamente, la mayor parte de los espíritus que se manifiestan a través del médium de comunicación son sus guías protectores. Cada uno de estos tiene su personalidad definida y es inmediatamente reconocido por las personas que forman parte del grupo. El arquetipo de la madama, el cual ya hemos discutido, es muy popular. Cuando un médium cuenta a una madama entre sus guías, ésta pasa a ser rápidamente el guía principal o el mejor recibido. Esto se debe a que la personalidad de la madama es muy simpática, picaresca y extremadamente generosa. Cuando la madama "baja," viene a hacer "la caridad." Esto quiere decir, que viene a dar "pases " curativos o a dar recetas a las personas que se encuentran presentes en la reunión.

Los pases curativos se dan pasando las manos alrededor del cuerpo de la persona dejando como dos o tres pulgadas de distancia entre las manos del médium y el cuerpo de la persona. Mientras se van pasando las manos estas se mantienen tensas y en forma vertical, los palmas abiertas sobre el cuerpo de la persona. Durante los pases, las manos se mueven rápidamente de atrás hacia adelante. El médium, poseído del espíritu curativo, respira rápidamente por la boca. Estos pases se conocen como despojos.

A veces, y muy comúnmente cuando baja la madama, los pases son de sacudimiento. Cuando esto sucede, los pases se dan directamente sobre el cuerpo de la persona, pasando las manos a lo largo del cuerpo con gran energía. Al finalizar los pases, el espíritu curativo toma las manos de la persona y las sacude varias veces en el aire. Luego hace a la persona dar varias vueltas, primero hacia la derecha y luego hacia la izquierda. Inmediatamente la suelta de las manos con fuerza, haciendo que la persona pierda momentáneamente el balance. Si la persona que está siendo sacudida también es médium, en esos momentos, al quedar fuera de balance, es poseída por uno de sus guías o tal vez por el espíritu de arrastre que la acompaña.

El Médium de Arrastre y el Médium de Transporte

Un espíritu de arrastre es una entidad negativa que acompaña a una persona desde su nacimiento y le ocasiona todo tipo de trastornos, haciendo su vida un desastre. De acuerdo al Espiritismo, todos los seres humanos tenemos un espíritu de arrastre. Este es un ser que viene a nuestro paso para enseñarnos la importancia de la fe, de la tolerancia y de la paciencia. Parte de nuestra misión en la tierra es ayudar a ese espíritu a elevarse y a evolucionar. En algunos casos, cuando el espíritu de arrastre de una persona es extremadamente violento, es necesario ayudar a esa persona a levantar a ese espíritu.

Muchas veces el espíritu de arrastre fué el esposo o amante de la persona en otra existencia. Ese espíritu, resentido y celoso, persigue a la persona a través de diversas encarnaciones, atormentándola y negándole la felicidad. Esta persona se encuentra a menudo asediada por este ser, que a veces se le revela en sueños, y otra veces se acuesta con ella como si fuera un ser material. La vida amorosa de una persona asediada por uno de estos amantes espirituales es una tragedia constante. No encuentra a nadie que la haga feliz. Todos los novios, esposos o amantes le dan la espalda. Solamente existen las lagrimas y el fracaso en su vida.

El médium que se especializa en "levantar" los espíritus de arrastre, incluyendo los amantes fantasmas, es el médium de arrastre. Este es un médium de comunicación especializado que tiene un cuadro de guías muy fuertes los cuales pueden recoger al espíritu obsesivo que atormenta al individuo. Muchas veces el médium permite que el espíritu de arrastre lo posea para que exprese sus sentimientos e intenciones de esa manera. Mientras el espíritu esta comunicándose, el cuadro del médium se acerca, lo "encadena" y se lo lleva. ¿A dónde se lo lleva? La creencia del Espiritismo es que se lo lleva a escuelas adelantadas donde el espíritu aprende bellas lecciones y se arrepiente de sus acciones pasadas y del daño que le hizo a su antiguo amante. En muchos casos, el espíritu de arrastre regresa a la tierra después de un tiempo de exilio. Cuando regresa, viene a ayudar a la persona a quien antes persiguió, convirtiéndose en uno de sus espíritus guías.

En casos extremadamente difíciles, donde el espíritu de arrastre está reacio y rehusa irse, el médium mismo tiene que llevarlo a esa escuela interespacial del mundo astral. El único médium que puede lograr esto es un médium de comunicación y de arrastre, que es a la vez un médium de transporte.

El médium de transporte recoge al espíritu de arrastre y lo lleva al sitio donde va a recibir la instrucción necesaria para su adelantamiento. Para lograr esto, el médium de transporte cae en un trance pesado donde pierde totalmente el conocimiento y todo movimiento y acción consciente. Cuando un médium de transporte entra en este tipo de trance, cae pesadamente al suelo y de ahí tiene que ser recogido y depositado en una cama mientras los otros médiums rezan y piden a sus guías que le ayuden a completar la obra de caridad que ha emprendido.

Los médiums de arrastre y los de transporte son los más espectaculares dentro del Espiritismo y los que generalmente dan las pruebas más convincentes de la posibilidad de la vida del espíritu.

Capítulo 9

❧ ❧

La Mesa Blanca

La práctica del Espiritismo en la mayor parte de Latino América está basada en la mesa blanca. Esto significa que todas las mediunidades que toman parte en la sesión espiritista se sientan alrededor de una mesa cubierta con un mantel blanco. Todos los médiums están también vestidos de blanco.

Hay distintas variaciones de la mesa blanca. En una sesión típica, pueden haber tres o más médiums alrededor de la mesa. Estas pueden ser videntes, auditivas o clarividentes, pero por lo menos una debe ser médium de comunicación, para que los espíritus puedan comunicarse con las personas presentes en la sesión.

En un extremo de la mesa se sienta el presidente de mesa, el cual generalmente no es mediunidad. Su trabajo es dirigir la reunión, escoger y leer las oraciones en voz alta y controlar cualquier espíritu que decida manifestarse. Sobre la mesa siempre hay flores blancas como ofrenda a los espíritus guías. También sobre la mesa se coloca una fuente de agua, una vela blanca encendida y una botella de agua florida o de alcoholado con plantas curativas adentro. La fuente se utiliza para depositar los "fluidos" recogidos de las personas que reciben pases de los médiums. El agua florida y el alcoholado con plantas se utiliza para ayudar a despojar o a sacudir a una persona que está muy "cargada."

Una persona "cargada" es alguien que tiene a su alrededor uno o más espíritus oscuros o de arrastre. Las vibraciones negativas de estos seres afectan el aura de esa persona, la cual se siente enferma o deprimida y a menudo sufre de muchos sinsabores y mala suerte. Una médium vidente puede ver estos espíritus de baja vibración alrededor de una persona, la cual se dice entonces que está "cargada" de malas vibraciones. Uno de los médiums presentes procede a descargar a esa persona utilizando los llamados pases fluídicos que hemos descrito antes.

La mayor parte de las mediunidades están conscientes durante el trance espiritual. Pero a pesar de que escuchan su propia voz no son responsables ni pueden controlar lo que están expresando. El médium consciente sabe que otra entidad se ha adueñado de su personalidad, pero se encuentra incapacitado para evitar que ésta se manifieste. Tampoco es capaz de influir en su cuerpo de ninguna manera, y muchas veces es testigo inerme de las acciones inesperadas de su propia materia. En algunos casos, el médium no está consciente de lo que sucede durante el trance y no recuerda ninguna de las acciones o palabras dichas por el espíritu que habló a través de él o ella.

Las personas que asisten a una reunión espiritista que no son médiums nunca se sientan a la mesa. Estas personas se sientan a los lados de la habitación con la esperanza de que uno de los espíritus les dé alguna ayuda, o que uno de los médiums les diga "algo", o los despoje.

La sesión comienza con todos los presentes poniéndose de pie y rezando ciertas oraciones del libro de Allan Kardec conocido como el Evangelio Según el Espiritismo.

Estas oraciones son leídas por el presidente de mesa. La primera oración se titula aptamente, "Al Empezar la Reunión." Esta oración es seguida por otras, algunas de ellas en forma de verso. Cuando se termina de rezar, el presidente de mesa pasa el libro alrededor de la mesa y todos los médiums abren el libro al azar, leyendo en voz alta el título del capítulo en donde se abre el libro. Esto significa que ese médium debe aplicarse las enseñanzas de ese capítulo ya que es un mensaje recibido de sus guías. La última persona en abrir el libro es el presidente de mesa, el cual coloca el libro abierto en el centro de la mesa.

Al terminar las oraciones y abrir el libro, todas las personas se sientan de nuevo y esperan a que los médiums entren en posesión o empiecen a "recibir" mensajes para los presentes. Muchas veces, antes de que el presidente termine las oraciones uno de los médiums cae en trance. En la mesa blanca la posesión de un médium comienza con la respiración agitada de la persona, la cual mantiene los ojos cerrados mientras dura el trance.

Tan pronto es evidente que la mediunidad está en trance, el presidente saluda al espíritu visitante. Si este es un "espíritu superior" o espíritu guía, es el primero en saludar. Durante un saludo típico, el espíritu pide la bendición de Dios para todos los presentes en la sesión. El presidente y los médiums contestan este saludo, pidiendo también la bendición de Dios para el espíritu.

Generalmente el primer espíritu en pasar por el cerebro de un médium es su "control" o guía principal. Este viene a preparar a su "casilla" o "caballo" para que pueda trabajar sin peligro durante la sesión. Después del guía otros espíritus se manifiestan a través de ese y otros médiums. La intención de la sesión es hacerle la caridad a todos los presentes ya que esta es la principal enseñanza del Espiritismo según Allan Kardec.

Durante una sesión típica varios espíritus se comunican con los presentes a través de los médiums.Algunos son entidades de luz que vienen a traer mensajes de amor y de esperanzas. Otros son espíritus oscuros o "atrasados" que acuden a la reunión a expresar su odio y persecución de alguno de los presentes. Entre estos se encuentran los espíritus de arrastre antes mencionados.

De vez en cuando un espíritu oscuro atormenta a una persona a través de las malas intenciones de un enemigo material que desea hacerle daño. Este enemigo "alquila" los servicios de una entidad maléfica y la "envía" donde la persona para que la obsesione y la destruya. Estos envíos son muy comunes dentro del Espiritismo y se llevan a cabo por intermedio de individuos que saben cómo obtener la "cooperación" de espíritus oscuros para hacer daño.

Un espíritu se puede alquilar yendo al cementerio, escogiendo una tumba adecuada y depositando unas monedas sobre esta. Luego el individuo que comete esta terrible acción regresa a su casa con el nombre de la persona muerta y llama al espíritu por medio de ciertos ritos malévolos. Si el espíritu del muerto accede a lo que se le pide, le da ciertas pruebas a la persona que está conduciendo el rito. Si no da las señales esperadas, eso significa que se niega a tomar parte en la acción que se le pide. El individuo que conduce la ceremonia tiene entonces que regresar al cementerio y repetir la misma acción hasta encontrar a un espíritu que acceda a lo deseado.

Para evitar viajes inútiles al cementerio, estos espiritistas y "muerteros" tratan de saber de antemano el nombre del difunto a quien desean alquilar. Éste casi siempre se trata de alguien que tuvo una vida violenta o criminal.

Los envíos son muy comunes en el Espiritismo como forma de venganza. Muy comúnmente durante una sesión espiritista, uno de los médiums de arrastre o de transporte se encarga de "levantar" al espíritu enviado para sacarle del lado de la persona afectada. Este espíritu es llevado, muchas veces en cadenas, a escuelas espirituales en el mundo astral donde espíritus superiores tratan de inculcarle buenos principios de compasión y amor.

El Espiritismo enseña que existen muchos niveles o planos espirituales. Cada espíritu tiene su propio grado de vibraciones que le colocan en el nivel espiritual adecuado. Los espíritus de planos superiores pueden descender a los planos inferiores, pero los espíritus de los planos bajos no pueden resistir las rápidas vibraciones de los planos más elevados, las cuales son tan poderosas que pueden desintegrarlos. Esta es una creencia similar a la del Swami Panchadasi que discutimos en el Capitulo 2.

Contrario a las prácticas del Espiritualismo, el Espiritismo de mesa blanca no cobra la entrada a la sesión. Estas reuniones son generalmente privadas y se llevan a cabo en una casa de familia donde todos los que asisten lo hacen por invitación. Las mediunidades que toman parte en la sesión tampoco cobran por sus labores ya que su sólo interés es el desarrollo espiritual a través de la caridad al prójimo.

Algunas veces un grupo de médiums se unen y crean un Centro Espiritista. El Centro trabaja el Espiritismo ciertos días en la semana. Las reuniones tienen lugar en "templos" donde las mediunidades se encuentran para practicar lo que se conoce como la "obra." Es decir, la caridad de acuerdo al Espiritismo.

Los Centros tienen un presidente y a veces un vice-presidente. También en el Centro se encuentran a menudo médiums auxiliares cuyo trabajo es hacer despojos y ayudar a las personas que vienen a las sesiones.

La mayor parte de los Centros trabajan la mesa blanca y los médiums levantan "causas" y espíritus oscuros, además de ayudar a los presentes a resolver sus problemas personales. Debido a la creciente popularidad de los Centros, la organización del templo espiritista tiene la forma de un pequeño teatro. La mesa donde el presidente y los médiums trabajan está en el medio de una amplia estancia. A su alrededor hay colocadas varias hileras de sillas para los asistentes. En los grandes Centros puede haber espacio para cientos de personas.

Muchas veces el presidente o uno de los médiums auxiliares tiene consultas privadas en el templo para el público, las cuales generalmente se cobran. Durante la consulta el médium puede usar los naipes españoles, una copa de agua y un cigarro, o cualquier otro método para investigar los problemas de su cliente. El médium consultante cobra la consulta y muchas veces también cobra por la preparación de los despojos y "trabajos" mágicos que le receta a su cliente.

La mayor parte de los Centros le cobran una cuota específica a los miembros permanentes con la cual pagan la renta del sitio usado como templo y otras incidencias.

Naturalmente que la costumbre de cobrar dinero por una consulta y los trabajos que se receten induce a la avaricia. Y en muchos casos, existen mediunidades fraudulentas que cobran cantidades escandalosas por despojos y recetas mágicas, la mayor parte de las cuales no funcionan en lo absoluto. Este comercialismo continua creciendo y está poniendo al Espiritismo, una vez noble y desinteresado, a la par con el ya desacreditado Espiritualismo.

En los Estados Unidos, donde el fraude abunda alrededor de todo movimiento místico o religioso, el gobierno ha impuesto severas penalidades a toda persona que practica cualquier tipo de extorsión contra el público. Para evitar ser perseguidos por la justicia muchos espiritistas que dirigen Centros se inscriben como ministros y usan el título de reverendo o reverenda. Esta costumbre también está creciendo y muchas veces el llamado ministro compró su título por correo por unos pocos dólares y jamás cursó estudios en un colegio de teología.

Sin embargo, a pesar de que existen Centros y médiums fraudulentos que se aprovechan de la desesperación humana para explotar al público, también existen otros cuya principal motivación es el deseo genuino de ayudar a la humanidad. Son éstos los que mantienen viva la llama de la fe que encendió Allan Kardec hace más de cien años.

Capítulo 10

❦ ❧

La Misa Espiritual

Recientemente, la gran popularidad de que goza la Santería afrocubana en los Estados Unidos, y en Latino América, ha creado la fusión o sincretismo entre muchas de las prácticas de la Santería y las del Espiritismo. Una de los ejemplos más típicos de esta fusión es el uso de los orishas o santos de la Santería como guías en el Espiritismo. No sólo los nombres de orishas populares como Changó, identificado con Santa Barbara, Elegguá identificado con el Niño de Atocha y Babalú-Ayé, identificado con San Lázaro, son utilizados en los Centros. También los colores, números y atributos de los santos/orishas han pasado a enriquecer la colección de elementos mágicos del médium espiritista. En muchos casos, algunos de los implementos iniciáticos de la Santería, tales como los collares de cuenta de los santos y la cabeza de cemento que representa a Elegguá, son también usados por los espiritistas como parte de sus recetas y formularios mágicos.

Cuando los santeros, quienes son los sacerdotes y sacerdotisas de la Santería, condenan estas prácticas como parasíticas y peligrosas, los espiritistas contestan que ellos sólo utilizan los elementos de Santería como amuletos o talismanes para la buena suerte. Y cuando "dan" collares, lo hacen de forma "espiritual."

Es muy común en los Centros modernos ver a los médiums con collares de cuenta alrededor del cuello o pañuelos de los colores asociados con los santos. Y a menudo, el presidente de mesa y algunas médiums auxiliares ostentan, no sólo el título de reverendo o reverenda, sino también el de padrino o madrina, títulos que pertenecen a la Santería.

Otra práctica nueva en los Centros es el uso del ron y del puro, los cuales no se usaban antes de llegar la influencia de la Santería. La razón por la cual el ron y el puro se usan en los Centros es para atraer a los espíritus africanos, también típicos de la Santería.

En Cuba, cuna de la Santería, el Espiritismo según Allan Kardec también ejerció gran influencia. Pero en contraste con la mayor parte de Latino América, incluyendo a Puerto Rico, que practica la mesa blanca, la sesión espiritista en Cuba se conoce como misa espiritual.

Las diferencias básicas entre la mesa blanca y la misa espiritual están en la organización física del templo y no en las prácticas espiritistas. Por ejemplo, en la misa espiritual los médiums no se sientan alrededor de la mesa. Ésta es colocada en un extremo de la habitación contra de la pared. Encima de la mesa, cubierta con un mantel blanco, se colocan dos jarrones con flores blancas. En cada extremo también se pone un candelabro con una vela blanca encendida. Sobre la mesa también se encuentra una botella de ron, otra de agua florida y otra de agua bendita, además de unos diez o doce puros. El efecto de la mesa es la de un altar improvisado. Es por eso que se le llama misa espiritual.

En el suelo frente a la mesa se coloca una fuente de agua a la que se le han añadido pétalos de flores blancas y un poco de perfume. Entre los perfumes que más se usan en la misa espiritual está la ya famosa agua florida, la loción Pompeya y el perfume 1800.

Frente a la mesa se coloca una hilera de sillas donde se sientan todos los presentes. Los médiums que dirigen la misa se sientan a sus lados de frente a la audiencia. Los otros médiums se sientan en la primera hilera de sillas.

Antes de empezar la reunión todos los presentes, incluyendo los médiums, se paran frente a la mesa, cogen un poco del agua perfumada de la fuente y se la pasan por la cara, los brazos y el cuerpo usando pases magnéticos. Esto se hace para purificar el aura y atraer a los espíritus de luz. Por último cada persona toca tres veces con los nudillos encima de la mesa para llamar a los espíritus.

Cuando todo el mundo ha observado estas abluciones, uno de los médiums comienza a leer las oraciones tradicionales del Espiritismo. Contrario a la mesa blanca, en la misa espiritual no existe el presidente de mesa ni se abre el Evangelio Según el Espiritismo. Las oraciones se leen mientras todos los presentes permanecen sentados.

Luego que las oraciones han terminado, muchas de las personas presentes, no sólo los médiums, encienden puros y comienzan a fumar. Esto se hace para atraer a los espíritus africanos que sirven de guías a varios de los presentes.

En contraste con el médium de mesa blanca, que permanece sentado durante el trance, el médium de la misa espiritual se levanta tan pronto es posesionado y deambula por la habitación saludando a todos los presentes de forma amable y a veces jocosa. Si el espíritu que se está manifestando es africano, pide enseguida que le dén un puro encendido y una dita o higuera llena de ron. El espíritu, posesionado de su "caballo" o "casilla", se toma el ron y se fuma el puro con grandes demostraciones de placer.

El lenguaje usado por los guías africanos es invariablemente picaresco y de palabras atrevidas. Estos guías mantienen los ojos abiertos durante el trance y se comportan como si verdaderamente vivieran en el cuerpo por el cual se manifiestan. El consumo de ron y de tabaco no afecta la gran habilidad de estos espíritus para predecir el futuro y hacer curaciones asombrosas. Tampoco el ron o el tabaco afectan los sentidos del médium. Durante una misa espiritual en Nueva York, yo vi a un médium posesionado de un guía africano, tomarse media botella de ron Bacardi de 151 grados, masticar y luego tragarse un puro encendido. Cuando se retiró el espíritu, el médium quedó tan sobrio como antes de tomar el ron. Tampoco dio ningún indicio de haberse comido el puro encendido.

En muchos casos, durante una misa espiritual, más de un espíritu se manifiesta a la misma vez. Esto no sucede jamás durante la mesa blanca. La razón por la cual es posible que más de un espíritu "baje" y hable durante la misa espiritual es que los espíritus circulan continuamente por la habitación, hablando con distintas personas. En un momento dado pueden haber tres o cuatro espíritus en manifestación en diferentes partes del templo. Esto no es posible durante la mesa blanca porque todos los médiums están sentados alrededor de la mesa y la atención de los presentes tiene por fuerza que estar concentrada en una sola persona a la vez.

Naturalmente que no sólo guías africanos acuden a la misa espiritual. Otros guías también se manifiestan, además de espíritus oscuros o de arrastre. Los médiums presentes trabajan con estos espíritus para levantarlos, según sucede en la mesa blanca. En estas reuniones también hay médiums parlantes o de comunicación, médiums videntes, auditivos y de arrastre, pero raras veces de transporte.

La reunión de mesa blanca se puede celebrar de día o de noche, pero la misa espiritual se celebra más comúnmente de noche o después de las tres de la tarde. Contrario a la creciente práctica de los Centros, en los cuales se usan los santos/orishas y sus atributos, en la misa espiritual esa práctica se considera irrespetuosa además de peligrosa. Según los santeros, "el muerto (los espíritus) van antes que el santo," pero los dos no se deben mezclar jamás.

Después que la misa termina y que todos los espíritus se han retirado, la persona en cuya casa se está haciendo la misa abre las puertas de su cocina y obsequia a todos los presentes con una espléndida comida típicamente cubana. Mientras más personas acuden a la misa, y más comensales se sientan a su mesa, mejor para quien ofreció la misa. Esta práctica está basada en la creencia de que mientras más se da, más se recibe.

Como hemos visto, las diferencias entre la mesa blanca y la misa espiritual son marcadas, a pesar de que la práctica del Espiritismo en si sigue las mismas pautas. Pero tal vez la diferencia más grande entre las dos sesiones, es el hecho de que la mayor parte de las mediunidades que asisten a la misa espiritual reciben pago por su trabajo mientras que los médiums que laboran en la mesa blanca lo hacen sin recibir pago alguno. Pero también es necesario aclarar que quien paga a los médiums de la misa espiritual es la persona que ofrece la misa. Las personas invitadas nunca tienen que pagar nada. Y considerando el trabajo que hace el médium, tanto durante la mesa blanca como durante la misa espiritual, es justo que se le pague algo por sus esfuerzos. Naturalmente, que esto no hubiera sido visto con buenos ojos por Allan Kardec, cuyo moto constante era el de hacer la caridad sin esperar recompensa.

Capítulo 11

❧ ❦

El Desarrollo de las Facultades Espirituales

La mayor parte de los médiums o practicantes del espiritismo dicen que las llamadas facultades espirituales se desarrollan principalmente a través de "pruebas." Estas pruebas son una serie de dificultades y tropiezos, a veces muy difíciles, por los que atraviesa el médium que se encuentra en desarrollo. Las pruebas son los medios a través de los cuales los espíritus guías de una persona ayudan a ésta a purificarse para ser merecedor o merecedora de ser médium.

Las pruebas espirituales son a veces tan fuertes que el futuro médium puede pasar por graves enfermedades, pérdidas de seres queridos o de bienes personales, incluyendo su libertad. Generalmente la persona que pasa por estas pruebas encuentra a alguien, que también es médium, que le explica la razón de sus tormentos y le ayuda a sobreponerse a estos.

Cuando una persona sospecha que tiene ciertas facultades extrasensoriales que no son comunes en todo el mundo, tiene uno de dos caminos a seguir. El primero, ignorar estas facultades. El segundo, tratar de desarrollarlas a su máximo, o por lo menos tratar de comprenderlas y saber cómo las puede utilizar para su ayuda y la de otras personas.

Entre estas facultades especiales están la clarividencia, la clariaudiencia, la telepatía y la psicokinesis. La clarividencia es la habilidad de "ver" o predecir el futuro; la clariaudiencia es la habilidad de escuchar mensajes de seres espirituales o materiales que nadie más puede oír; la telepatía es la habilidad de leer o transmitir el pensamiento; mientras que la psicokinesis es la habilidad de mover objetos materiales con el pensamiento. En conjunto estas habilidades se conocen como ESP o percepciones extrasensoriales ya que van más allá de los sentidos normales, tales como la vista, el oído, el tacto, el sabor y el olfato.

Las facultades de ESP se están observando en muchos laboratorios que se especializan en estudios psíquicos, es decir de las habilidades desconocidas de la mente humana. En estos laboratorios se ha empezado a reconocer que estos talentos, aparentemente sobrenaturales, son en realidad parte de la continua evolución del cerebro humano y que todos los seres humanos tenemos ESP en distintas etapas de desarrollo. Se estima que en los próximos siglos estas habilidades continuarán en desarrollo y que el ser humano tendrá poderes mentales extraordinarios.

En 1970, dos investigadoras norteamericanas viajaron a Rusia para estudiar el desarrollo de las habilidades extrasensoriales, ESP, de los rusos. El resultado de sus descubrimientos fue un libro muy famoso titulado, "PSI, Descubrimientos Psíquicos Detrás de la Cortina de Hierro." Estas escritoras, Sheila Ostrander y Lynn Schroeder, nos explican en su libro que la palabra "psíquico" no debe ser interpretada como algo de origen sobrenatural o espiritual, sino más bien como relacionado con los poderes mentales.

El libro, que llegó a ser uno de los "best sellers" más famosos de la década de los setenta, explora el uso del ESP en Rusia y cómo se desarrollan estas capacidades. Las dos investigadoras, Ostrander y Schroeder, explican que existen ciertas ondas, emitidas por el cerebro, las cuales son reponsables por el fenómeno de la telepatía y otros poderes mentales. Estas han sido bautizadas con el nombre de ondas Psi, que es una letra del alfabeto griego. En el cerebro se han distinguido también las ondas alpha, que es el estado del cerebro cuando está en trance o en una profunda meditación.

Las ondas Psi son usadas en la transmisión de la telepatía o mensajes mentales. En otras palabras, el cerebro emite las ondas Psi durante la transmisión del pensamiento, y es a través de estas ondas que el mensaje viaja de una mente a otra. Las ondas Psi han sido comparadas con las ondas de radio que son ondas largas en el espectro electromagnético. De manera que la onda Psi, como la onda de radio, es utilizada como medio de comunicación por el cerebro humano, muchas veces inconscientemente.

Entre las prácticas psíquicas de Rusia, Ostrander y Schroeder encontraron el uso del cuerpo bioplásmico en curaciones, la acupuntura, la telepatía, la clarividencia, el uso del aura en meditaciones y curaciones, y la famosa máquina fotográfica Kirlian, con la cual se puede fotografiar, no sólo el aura humana, sino la de animales y plantas.

Una de las más importantes sugerencias de los rusos que fueron investigados es la importancia de usar la visualización en toda forma de telepatía. Para lograr un grado perfecto de visualización es importante practicarla a menudo. Según los rusos hay dos glándulas que controlan todo fenómeno de ESP, la glándula pineal y la pituitaria. Los poderes psíquicos y la habilidad de hacer cambios en la vida diaria usando la visualización, son para los rusos algo enteramente natural. De tan gran importancia es la creencia de los poderes mentales en Rusia, que el gobierno ruso ha estado conduciendo experimentos con psíquicos desde hace más de dos décadas.

Además de la visualización, los rusos recomiendan la meditación y la respiración medida en el desarrollo de las llamadas facultades espirituales, o ESP, las cuales según ellos funcionan a través de las ondas Psi del cerebro humano. Otra sugerencia, para las personas que desean desarrollar estos poderes de forma extraordinaria es usando la acupuntura en los meridianos conectados con la glándula pineal y la pituitaria.

Por otra parte, también en Rusia se practica el espiritismo y existen médiums que tienen la habilidad de establecer contacto con los espíritus de seres que han fallecidos.

Una de las sugerencias de muchos espiritistas para las personas que deseen establecer contacto con sus guías espirituales y desarrollar facultades psíquicas es la de poner en su casa una bóveda espiritual.

La bóveda espiritual es una mesa cubierta con un mantel blanco, donde la persona coloca una fuente de cristal llena de agua, un velón blanco de vaso, un ramo de flores, una botella de agua florida, y una Biblia, además del libro de Oraciones Escogidas de Allan Kardec. Muchos espiritistas recomiendan colocar una cruz o crucifijo dentro del agua. Estas aguas se dedican al cuadro de ángeles guardianes y espíritus protectores de la persona.

El Desarrollo de las Facultades Espirituales

Cuando ésta conoce quienes son varios de sus espíritus guías, puede colocar un vaso de agua individual para cada uno de ellos. Si uno de estos guías es un arquetipo, tal como un indio, una madama o un pirata, se puede colocar sobre la bóveda una imagen de la entidad adecuada. Estas imágenes se pueden conseguir en las tiendas conocidas como botánicas.

Las personas que tienen guías africanos acostumbran ponerles un vasito de ron, un tabaco y una tacita de café de vez en cuando. La idea es que la entidad espiritual consuma la energía de estas ofrendas y las transforme en bendiciones para el que las hace.

Debido a que el sol, fuente de nuestra energía, sale por el este todas las mañanas, hace a este punto cardinal un gran foco de energía electromagnética. Por eso muchos expertos recomiendan que la bóveda se coloque en el lado este de la habitación. Es decir, que esté orientada hacia el sitio por donde sale el sol.

Una vez que la bóveda este preparada, la persona que desea desarrollar poderes de ESP, lo que es lo mismo que las llamadas facultades espirituales, debe empezar una serie de ejercicios todas las mañanas. Estos son ejercicios de visualización en conjunto con otros de respiración que se conocen en la yoga como Pranayama.

La visualización se hace concentrándose en el aura de la persona y las siete esferas o chacras que se encuentran a lo largo del cuerpo. El aura está formada por las emanaciones de energía electromagnéticas que emite el cuerpo y que lo rodea como un halo de luz. Algunas personas pueden percibir el aura como una emanación difusa de un color azul grisáceo claro. El color del aura, de acuerdo a estos psíquicos, puede variar según el estado físico, emocional o espiritual de un individuo. Por ejemplo, cuando una persona está llena de ira, su aura se transforma en rojo oscuro. Si por el contrario está llena de odio, el aura refleja el color negro. Este es el color asociado también con criminales y seres con bajos instintos.

Por otra parte, seres de alta evolución reflejan el color blanco o dorado en sus auras, las cuales son tan fuertes que a veces son percibidas por todo el mundo. Esta es la razón por la cual las imágenes de Jesus, la Virgen María, los ángeles y santos están rodeadas de halos luminosos que simbolizan el aura de ese ser de luz.

El aura recibe luz y fuerza a través de las siete esferas que se conocen como chacras. La primera chacra está sobre el cráneo; la segunda está en la sección conocida como el tercer ojo, entre las cejas; la tercera está en el centro de la garganta; la cuarta está en el medio del pecho a la altura del corazón; la quinta está en el plexo solar, entre las costillas; la sexta está sobre el área del ombligo; y la séptima está en la base de la espina dorsal.

La persona empieza los ejercicios con los brazos en cruz, palmas de las manos hacia arriba, los ojos cerrados. En esa posición, visualiza el aura como un huevo de luz blanca que rodea el cuerpo y las chacras como esferas de gran luz que revuelven constantemente en los siete puntos arriba descritos. La visualización debe hacerse lo más vívida posible.

Cuando la visualización ha sido hecha, la persona empieza los ejercicios de respiración conocidos como Pranayama. Durante los ejercicios, la persona inhala por la nariz mientras cuenta a cuatro lentamente; aguanta la respiración mientras cuenta a cuatro; y exhala la respiración de nuevo contando a cuatro. Esto se repite seis veces.

El Desarrollo de las Facultades Espirituales

Mientras se respira se visualiza que un rayo de luz poderoso sale del cielo, atraviesa la chacra del cráneo y baja a través de las otras chacras hasta salir por los pies de la persona. Cuando sale por los pies, se lleva consigo todo lo negativo, peligros, enfermedades, tensiones, y todo lo que afecta a la persona en esos momentos. A medida que se respira, se visualiza el aura llenándose cada vez de más luz y la persona de más fuerza.

La continua practica de la visualización del aura y las chacras junto con la respiración eventualmente le ayuda a la persona a desarrollar las facultades deseadas.

Muchas personas utilizan la practica de la yoga, especificamente Hatha Yoga, durante estas visualizaciones. La Hatha Yoga hace uso de la meditación y de ciertas posiciones físicas en conjunto con la visualización y respiración. Los lectores interesados en este tipo de practica pueden conseguir libros de yoga al respecto.

Según el Espiritismo, para desarrollar la mediunidad o habilidad de establecer comunicación con espíritus se debe leer a menudo El Libro de Oraciones de Allan Kardec, pidiendo a sus guías que hagan esto posible. Otra alternativa, para los que no desean este tipo de facultad, es la de abrir la Biblia al azar y leer varios versículos de la página donde el libro se abra. Los salmos son también populares como lectura mística o religiosa. Una recomendación especial para las personas con problemas amorosos es leer un capítulo del Cantar de los Cantares de la Biblia, después de la visualización y respiración, concentrando en la persona amada.

Una forma de practicar la telepatía después de la visualización y respiración, es visualizar a la persona a quien se le desea mandar un mensaje. Luego se concentra toda la atención en el tercer ojo de esa persona y ahí mandarle el mensaje con toda la fuerza posible. Es importante mandar sólo mensajes positivos porque el cuadro espiritual que protege a esa persona va a rechazar toda influencia negativa, enviándola de nuevo a quien la mandó.

Como hemos visto, las creencias espiritistas en las facultades de telepatía y clarividencia, están siendo estudiadas en laboratorios de parasicología los que afirman que estos poderes existen y que funcionan a través de una onda electromagnética llamada Psi. Los rusos están conduciendo experimentos con estas ondas desde hace más de veinte años, así como en sicometría, que es la habilidad de mover objetos con el poder de la mente. Según algunos parasicólogos, el gobierno americano, notablemente la NASA, está también llevando a cabo experimentos con la telepatia, la sicometría y otros de los llamados sentidos extrasensoriales o ESP. Se cree que estos sentidos existen en estado latente en todo ser humano y que eventualmente, a medida que la humanidad continúe su evolución mental , toda la raza humana hará uso de ellos de la misma manera que nuestros sentidos comunes, como la vista, el tacto y el olfato. Estos no son conceptos de orden "sobrenatural" o esotéricos, sino aspectos muy reales de la composición de la siquis humana.

Capítulo 12

❧ ☙

Canalizaje

En los últimos años las prácticas del Espiritualismo han renacido en los Estados Unidos. Como les había explicado antes, una de las diferencias entre el Espiritualismo y el Espiritismo es, que en el Espiritualismo la médium da demostraciones de sus poderes psíquicos por un precio estipulado. Generalmente, estas demostraciones revuelven alrededor de comunicaciones con los espíritus, especialmente los guías espirituales del médium. Otras veces, las comunicaciones son con seres amados fallecidos del cliente del médium. En el Espiritismo, la intención es la de recibir mensajes de espíritus elevados o de seres familiares. Tanto en la Mesa Blanca como en la Misa Espiritual trabajan varios médiums. En ningún momento se le cobra a las personas que asisten a la reunión como espectadores.

El renacimiento del Espiritualismo en los Estados Unidos está fuertemente vinculado con los libros de la célebre actriz de cine norteamericana Shirley MacLaine. En sus libros ésta relata sus experiencias místicas, incluyendo viajes astrales, comunicaciones con espíritus guías y hasta con extraterrestres. Nadie sabe hasta qué extremo los libros de la Sra. MacLaine están basados en experiencias personales o en una fértil imaginación. Personalmente, después de haber leído uno y ojeado otro, estoy convencida de que la Sra. MacLaine fué sincera al escribir estos libros. Después de todo, siendo una actriz famosa, millonaria, no tenía la necesidad de escribir nada. Tanto su fama como su dinero ya estaban hechos. Tampoco es una escritora profesional, lo cual explicaría su deseo de escribir. Todo el mundo sabe—o debería saber—que el escritor profesional no escribe para hacerse rico o famoso. Escribe porque escribir es su vida. Más que por necesidad, escribe por compulsión.

De manera que podríamos aceptar que Shirley MacLaine escribió estos libros—tres hasta la fecha—porque deseaba compartir con el mundo sus extraordinarias experiencias místicas. Y a pesar de que sus libros la hicieron el blanco de la burla y el escarnio de sus colegas y de muchos miembros de la prensa, la actriz continúa insistiendo en la veracidad de sus relatos.

Entre las experiencias más famosas de la Sra. MacLaine están sus comunicaciones con una entidad espiritual de nombre Ramtha, a través de una médium del estado de Washington. Esta médium—J.Z. Knight—es una mujer multimillonaria quien cobra exorbitantes cantidades de dinero a sus clientes por comunicaciones privadas con Ramtha, quien es el guía espiritual de ella.

Ramtha dice ser un guerrero que vivió hace cerca de 30,000 años. Cuando esta entidad toma posesión de J.Z. Knight, la médium sufre una total transformación durante la cuál adopta la personalidad de un hombre muy viril, de gran fuerza física y con grandes poderes para predecir el futuro. La fama de Ramtha se ha extendido de tal manera que muchos artistas de Hollywood, no sólo Shirley MacLaine, no toman ninguna decisión importante en sus vidas sin consultarlas primero con el supuesto guerrero.

Naturalmente que J.Z. Knight ha sufrido también grandes ataques de parte de la prensa norteamericana que se niega a aceptar que un guerrero de hace 30,000 años haya regresado al siglo veinte a predecir el futuro. Estas mofas constantes no han logrado que las personas que consultan a Ramtha—como Shirley MacLaine y Linda Evans, entre muchos—pierdan su fe en él. Ramtha continua haciendo sus viajes a la tierra y aconsejando a sus clientes—por muy buen dinero—sobre las decisiones importantes de sus vidas.

La comunicación entre J.Z.Knight y su guía Ramtha se conoce en lenguaje moderno como Canalizaje o Channeling. El Canalizaje, que no es otra cosa que una sesión Espiritualista, se lleva a cabo frente a una o más personas, dependiendo de la fama de la entidad y del médium. En el caso de Ramtha, J.Z. Knight canaliza a la entidad en privado o en grupo. El Canalizaje en privado es una entrevista entre una persona a solas con J.Z.Knight, posesionada de Ramtha. Durante esta entrevista, el cliente puede hacerle todas las preguntas que desee al antiguo guerrero. Esta entrevista cuesta varios miles de dólares. Por otra parte, el Canalizaje en grupo tiene lugar en una sala de conferencias con muchas personas, cada una de las cuales paga cientos de dólares, sólo por oír hablar a Ramtha.

Instados por la curiosidad, varios historiadores han utilizado la información recibida de Ramtha sobre su existencia en la tierra hace 30,000 años para investigar su veracidad. Sus investigaciones han revelado que nunca existió en la tierra una civilización como la que según Ramtha existió hace 30,000 años. Tampoco existieron guerreros de la casta de Ramtha, ni un lenguaje como el que él describe. La conclusión a la cual llegaron estos investigadores es que Ramtha tampoco existió y que la entidad es un invento de J.Z. Knight. Esta conclusión, sin embargo, es muy simplista ya que no explica por qué Ramtha tiene tantos aciertos en sus predicciones. Una posible explicación, que satisfacería a muchos estudiantes de los poderes psíquicos de la mente humana, es que Ramtha sea una emanación directa del Inconsciente de J.Z. Knight. Es decir, un arquetipo de su Inconsciente, con conocimientos sobrenaturales ya que proviene de una parte de la personalidad humana que conoce todos los secretos del universo.

Ramtha no es la única entidad que está siendo "canalizada" en los Estados Unidos. Existen otros igualmente famosos, como Lazaris, una entidad de gran sabiduría que es canalizado por un ejecutivo de seguros de vida llamado Jack Purcel. Lazaris dice que jamás ha encarnado en un cuerpo humano. Su esencia es enteramente espiritual y solamente existe para guiar a la humanidad.

La práctica de Canalizaje comenzó con las comunicaciones de un espíritu llamado Seth, el cual se comunicaba a través de la médium Jane Roberts, una psíquica de gran fama en los Estados Unidos. Jane Roberts comenzó a canalizar a Seth hace más de veinte años y de esas comunicaciones surgieron una serie de libros muy famosos. Después del advenimiento de Seth, otras entidades espirituales comenzaron a hacer sentir sus nebulosas presencias. Hoy en día existen cientos de médiums en Europa y Norte América que canalizan diversas entidades.

Uno de los espíritus de más popularidad en la practica moderna de Canalizaje es el arcángel Miguel. Existen varios médiums en Nueva York que alegan que el gran arcángel se manifiesta a través de ellos. Contrario a lo que muchas gentes creen, Miguel no es un santo ya que jamás hábitó en un cuerpo humano. Tanto Miguel, como Gabriel, Auriel y Rafael son fuerzas angelicales de gran luz que están mucho más elevados que los santos. Por eso nunca se les debe confundir con estos,que aunque son seres de gran luz no están al nivel de los ángeles.

Los médiums que canalizan al arcángel Miguel cobran alrededor de $100 por la comunicación. Nunca he estado presente durante una de estas comunicaciones y no puedo pasar juicio sobre estas.

Desafortunadamente las sesiones de Canalizaje son raras veces iluminadas por mensajes nuevos o ideas de gran innovación en el campo del Espiritualismo. Casi todos los espíritus hablan de la misma forma, con voces aflautadas y nasales. Cada palabra es pronunciada con una dicción exagerada como si la entidad—o el médium— tuviera ambiciones teatrales.

La ceremonia de Canalizaje se lleva a cabo de forma muy sencilla. El médium se sienta frente a su audiencia, ya esta se trate de una persona o de muchas, y procede a "pasar" al espíritu que es su guía. Una de las características del Canalizaje, en contraste con el Espiritismo y el Espiritualismo, es que el médium que se conoce como "Canal" sólo canaliza o manifiesta a un espíritu, que es su guía reconocido. Raras veces un médium "Canal" se posesiona de otros espíritus.

Durante el Canalizaje el médium "Canal" mantiene sus ojos abiertos y habla de forma natural. La llegada del espíritu y su posesión del médium es tan súbita que es difícil saber cuando tiene lugar. Sólo cuando el "Canal" empieza a hablar como la entidad se sabe con seguridad que ésta ha llegado. La mayor parte de las entidades que se comunican de esta manera son muy inteligentes y hablan con gran fluidez. Desafortunadamente, raras veces lo que dicen es nuevo o impresionante.

A pesar de que en su mayor parte el fenómeno del Canalizaje es decepcionante, existen algunos médiums "Canales" cuyos guías aparentan tener cierta habilidad para predecir el futuro. Muchas de las comunicaciones de estas "entidades" son muy hermosas y de grandes profundidades espirituales. Lo que es difícil descifrar es quién se está realmente manifestando a través del "Canal": una entidad superior, o un arquetipo del Inconsciente del médium.

Es fascinante ver cómo en nuestros tiempos modernos, donde la tecnología y la lógica reinan en nuestra sociedad, el concepto de entidades espirituales manifestándose a través de mediunidades continua siendo aceptado. Ya se le llame Espiritualismo, Espiritismo o Canalizaje, el contacto entre el mundo material y el espiritual sigue siendo una de las prácticas más antiguas de la humanidad. Y ya el contacto sea real o imaginario, su práctica indica la necesidad del ser humano en creer que la muerte es sólo el final de un peregrinaje y el comienzo de la verdadera vida.

Capítulo 13

🙘 🙞

Incógnita

En esta primera parte hemos explorado la teoría de la reencarnación, incluyendo el mundo astral y lo que probablemente sucede después de la muerte. Hemos también discutido el espiritualismo y espiritismo, y sus prácticas básicas. Porque a pesar de que estas creencias son repudiadas tanto por las diversas religiones organizadas como por la ciencia, nos ofrecen explicaciones detalladas sobre la reencarnación y la vida después de la muerte. Estas explicaciones distan mucho de ser pruebas incontrovertibles de la sobrevivencia de la personalidad, o de su regreso en cuerpos nuevos. Forman parte, sin embargo, de las creencias de un gran segmento de la humanidad, y por eso deben ser consideradas. Muchas de las llamadas religiones orientales, como el budismo y el hinduismo, también creen en la reencarnación la cual conocen como la transmigración de las almas.

Vista desde el punto de vista esotérico, la reencarnación es una "posibilidad probable." Y existe mucha evidencia que tiende a sostener esta probabilidad. La evidencia, como hemos visto, está basada en su mayor parte en las experiencias personales de personas que han tenido muertes clínicas o "encuentros" con seres amados fallecidos. Pero también existen estudios como los del Dr.

Stevenson y los que se están llevando a cabo en varios centros universitarios, como la Universidad de Connecticut, que tienden a sostener la idea de que la personalidad, el llamado "espíritu", sobrevive el trauma de la muerte. Es lógico concebir que si la naturaleza tiende a preservar lo que es valioso, preserve también la mente humana, que es indudablemente su más valiosa creación. Y si la energía no puede ser creada ni destruida, la mente humana, que de acuerdo a la neurología es energía electromagnética— ya que se puede medir con el electroencefalograma— tampoco puede ser destruida. ¿Transformada? Tal vez. Pero aun si es transformada, la memoria, que es la base de la inteligencia, debe seguir existiendo en sus átomos. Ya que cada átomo encierra todas las características del elemento al cual pertenece. Esta es una de las enseñanzas básicas de la teoría atómica la cual es conocida como la conciencia del átomo.

Como les dije al empezar esta primera parte todo esto es especulación puesto que no existen aún pruebas definitivas sobre la realidad del espíritu, ni de su supervivencia. Pero tampoco existen pruebas ni explicaciones sobre cómo fue creado el universo, ni de dónde proviene la energía radiante de la cual todo, incluyendo la mente humana, fue creado. La fe, que es la base del espíritu humano, y la intuición, que es su alimento, nos dice en lo más profundo de nuestros corazones, que Dios, el Gran Arquitecto Universal, creó la chispa inicial de donde surgió todo. La ciencia lo sospecha pero como no puede probarlo, se niega a especular sobre esta probabilidad. Albert Einstein, el padre de la física nuclear, dijo una vez, dialogando sobre Dios y la incógnita de la creación: "Dios es sutil, pero no malicioso. Él no nos ha escondido nada, lo que sucede es que nosotros no hemos aun podido encontrar su verdad."

La especulación es inadmisible para la ciencia que admite solamente evidencia sólida. Si embargo, Robert Jastrow, sin duda uno de los astrónomos más famosos de nuestra época, nos dice lo siguiente en su libro,"Dios y los Astrónomos":

"Nadie sabe cómo empezó el universo, ni cómo fue creado. La ciencia quisiera continuar explorando esta incógnita, pero las barreras con las que se enfrenta parecen insuperables. En estos momentos no creo que la ciencia pueda jamás descifrar el misterio. Para el científico que ha vivido toda una vida basando su fe en el poder de la razón, la historia termina como una pesadilla. Él ha superado las montañas de la ignorancia. Está a punto de ascender el último pico. Pero al acercarse a la cúspide, se encuentra con una banda de teólogos que han estado sentados allí por siglos."

SEGUNDA PARTE:
KIRKUDIAN

Proemio

La segunda parte de este libro es tan totalmente distinta a la primera parte que muchas personas tienen la impresión de que son dos libros en vez de uno, los cuales debieron haberse publicado por separado. Esta impresión es causada por el hecho de que la primera parte del libro está escrita en forma objetiva, mientras que la segunda parte está escrita como ciencia ficción. Sin embargo las dos partes del libro pertenecen a la misma temática. Lo que la segunda parte hace es tratar de validar con el relato subjetivo de un personaje esotérico la presentación objetiva del tema de la vida después de la muerte, el cual es discutido en la primera parte.

El personaje de Kirkudian, el cual es el protagonista principal de Peregrinaje, es una entidad de gran poder persuasivo. Su historia tiene muchos puntos de referencia y contesta a su manera muchas de las preguntas que los seres humanos nos hacemos constantemente sobre el origen del universo y la razón de nuestras existencias.

Muchas de estas preguntas son hechas también por Kirkudian, con una gran diferencia. Kirkudian puede contestar estas preguntas.

A las personas que desean saber si Kirkudian existe, la contestación es un sí rotundo. Todo lo que tiene vida en la imaginación, es parte de nuestra psiquis colectiva. Kirkudian es una fuerza real y su historia es la historia de la humanidad.

Capítulo 1

❧ ❧

Kirkudian

Yo soy Kirkudian. Este es mi nombre astral. En los distintos mundos en los cuales he vivido he tenido muchos nombres, a través de muchas existencias. Pero ya mi ciclo de encarnaciones ha terminado. Mi espíritu ha cumplido la obligación con la materia y ha concluido su peregrinaje.

Peregrinaje. Este es el nombre de la totalidad de las encarnaciones por las cuales tiene que atravesar el alma en su purificación. Cuando este forzoso destierro termina, el alma escoge su futuro destino. Puede permanecer en el plano astral que le corresponde después de su trabajo evolucionario, o puede regresar al mundo material de su predilección como guía o protector de uno de los seres que allí habitan. En ciertos casos el alma puede escoger ser guía del alma colectiva de una raza. El alma que escoge esta misión puede llevarla a cabo actuando como la inspiración de esa raza. Puede actuar como el valor, el amor, la paz, la fe, la esperanza, la compasión, o cualquiera de las virtudes que ayudan a los seres materiales a luchar contra sus inclinaciones naturales.

Al término de mi peregrinaje, me fué ofrecida la misión de ser mensajero del dolor. Esta es una misión muy excelsa porque al llevar el dolor a un ser material, éste tiene la oportunidad de purificarse grandemente a través del sufrimiento. Si el alma que actúa como mensajero del dolor hace bien su trabajo, junto al dolor le ofrece al ser afligido el bálsamo de la resignación. Al aceptar el dolor con la resignación, el ser adelanta en su purificación y tiene destellos divinos en su alma. Es un gran honor ser ofrecido esta misión, pero yo nunca he podido aceptar el dolor con facilidad. Esta fue una de las lecciones más difíciles que tuve que aprender. Tal vez por eso sufrí tanto. Pero me adelanto a mi historia.

¿Qué estaba diciendo? Ah, ya recuerdo. Me fué ofrecida la misión de ser mensajero del dolor y la rechacé. Pero cuando me ofrecieron la oportunidad de ser la inspiración de una raza entera, me sentí lleno de alegría. Ah! me dije, he aquí una obra que puedo desempeñar con entusiasmo. Y rápidamente acepté la misión.

Recuerdo claramente mi primer caso. Fué en el tercer planeta que está en órbita alrededor de la estrella llamada Solaris. Sus habitantes lo llaman Terra, un nombre adecuado ya que se refiere al material que lo compone. El ser a quien estuve llamado a ayudar en ese planeta fué una niña del imperio ruso llamada Anna.

Anna fué siempre una criatura endeble, enfermiza y delicada a la que todos ignoraban. Pero había sido marcada como un ejemplo para el resto de la raza humana, a la cual Anna habría de rendir grandes beneficios. Yo llegué a su lado cuando ella apenas tenía nueve años. Recuerdo las grandes nevadas que cubrían San Petersburgo todos los inviernos, y cómo se helaba el río Neva antes de que terminaran de caer las hojas de los árboles. Yo observaba junto a Anna los copos de nieve caer como lágrimas de ángeles desde el cielo plomizo hasta las calles abarrotadas de gente y de caballos. La blancura de la nieve se enturbiaba rápidamente con el paso de los transeúntes y las ruedas de los carruajes. A menudo bajo nuestra ventana pasaba un húsar de la corte imperial, su chaqueta roja brillante con botones dorados, flecos y piel de astracán. Sobre su cabeza arrogante se erguía el busby de piel, con su plumacho en vivos colores. Los grandes ojos tristes de Anna se iban detrás del fanfarrón jinete y para entretenerla, yo le soplaba levemente los cabellos y los vuelos de su blusón. La niña movía la cabeza, o se acomodaba las cintas del blusón, y cuando volvía a buscar al jinete ya este había desaparecido calle abajo.

Nadie prestaba gran atención a Anna, y sólo yo la acompañaba constantemente en su aireada percha dos pisos sobre la calle. Naturalmente que Anna no podía verme. Yo era su espíritu guía y no podía dejarme percibir de ella. Lo más importante de mi misión con Anna era que ella pensara siempre que cada pensamiento que yo le sugería venía de ella misma. En ningún momento podía darse cuenta de que las ideas que a ella acudían provenían de una inteligencia aparte de la suya. También era imprescindible que ella misma decidiera si iba a aceptar o a rechazar las sugerencias que yo implantaba en su cerebro. Esto era necesario porque mi trabajo tenía en todo momento que estar en harmonía con las leyes divinas, una de las cuales otorga el libre albedrío a todo ser material.

Cuando Anna cumplió los diez años se enfermó gravemente. Sus pulmones siempre habían sido delicados y los dos últimos inviernos le habían afectado grandemente. Una bronquitis aguda paso a ser crónica, y luego una pulmonía doble casi destruye el débil cuerpecito de la niña. Pero yo no la abandoné nunca. Aun después que los médicos la desahuciaron y que los sollozos de su madre se agotaron fatigados, continué a su lado, murmurando pensamientos de primavera y recuerdos de verano junto a su oído. Le contaba cuentos de hadas que ella repetía en su delirio y le aseguraba una y otra vez que tenía la fuerza suficiente para triunfar sobre su enfermedad, que era necesario que se sanara porque había algo importante que tenía que hacer. Por fin, varios meses después de haber enfermado, Anna se sentó en la cama y pidió comida. Su madre, que dormitaba a su lado, por poco se cae de su poltrona. El médico le había dicho que a Anna sólo le quedaban horas de vida. La casa se convirtió en un corre-corre. La madre pedía sopa de remolachas a gritos para la niña, pero la abuela aseguraba que era mejor darle papas con compota de manzanas. La madre ganó la batalla y Anna se comió dos platos hondos de la sopa de remolachas, que los rusos conocen bajo el nombre de borsch y que sirven con grandes cantidades de crema agria.

Después de esta crisis, la familia se volcó en ternura sobre Anna. Yo le susurré a la niña en el oído que le pidiera a la madre que le concediera una petición. Esta petición era que la dejara ingresar en la escuela de Ballet Imperial. La danza clásica es tu sino, le dije a la niña. Bailarina excelsa has de ser. Todos te amarán, reyes y príncipes pondrán sus imperios a tus pies. Pero tu solo desearás siempre llevar la magia de la música a todos los ámbitos del mundo. Con tus pies de sílfide llenarás los corazones humanos de inspiración y nobleza. Ante tu arte exquisito morirán el odio, la envidia y la malicia. Sola, tú, despertarás los más nobles sentimientos en el alma humana, llevándola en alas de la música a los pies de Dios.

La madre no pudo negar el deseo de su hija regresada de las puertas de la muerte. Pocos meses más tarde, a través de la intercesión de amigos de la familia con conexiones entre los Romanoffs, Anna comenzó sus estudios con el Ballet Imperial Ruso. Tenía apenas once años.

Durante los próximos ocho años me mantuve al lado de Anna constantemente, inspirándola, dándole resistencia ante las graves dificultades que enfrentó durante este tiempo. La competencia era muy fuerte y cuando Anna hizo su debut en Rusia a los 18 años este pasó casi desapercibido. Pero yo no le permití que se desanimara. Continué día y noche a su lado, encendiendo con mis palabras su deseo de triunfo, abanicando con mi presencia la ardiente llama de su ambición. Por fin Anna fué invitada a hacer una gira artística por Escandinavia. La primera noche que bailó fuera de Rusia se coronó de gloria. De Escandinavia pasó a Inglaterra, y de ahí al resto de Europa y a las Américas. El eco de su nombre resonó por todos los ámbitos del planeta. Su arte etéreo, la sublime delicadeza de cada movimiento elevaba a cada espectador a regiones divinas pobladas de ángeles y espíritus de luz. Ese viaje momentáneo hacía a cada alma vibrar en esferas superiores borrando todo sentimiento innoble de sus corazones. Durante ese momento esas almas tocaban a Dios y deseaban permanecer en esas alturas luminosas. Al regresar a la tierra algunos ecos de esas esferas ayudaron a muchos seres a levantarse sobre sus miserias humanas. Ése fue el término de mi misión con Anna Pavlova.

Capítulo 2

❧ ❧

La Primera Lección

Más allá de las Pléyades existe un sistema solar con tres soles llamado Ixistar. Tiene catorce planetas cada uno de los cuales viaja en una órbita triple alrededor de los tres soles. Es un espectáculo deslumbrante si se observa del centro mismo de Ixistar. Cada uno de sus planetas termina una órbita alrededor de uno de los soles y al llegar al afelio, que es el punto más distante del sol, rompe esa órbita y comienza una nueva órbita alrededor del próximo sol. Al terminar esa órbita, cerca del afelio, la rompe y empieza una nueva alrededor del tercer sol para al final regresar a la órbita del primer sol. Los tres soles están equidistantes formando un triángulo en el espacio, y cada uno tiene catorce órbitas a su alrededor ya que el sistema Ixistar tiene catorce planetas. ¿Me explico? Estoy seguro de que los he confundido con esta explicación. A ver si lo puedo expresar mejor.

El sistema solar Ixistar tiene tres soles. Alrededor de cada uno de estos soles se mueven catorce planetas en catorce órbitas o círculos distintos. Cada uno de los planetas termina la órbita de un sol y al llegar al punto más lejano, rompe esa órbita y empieza a dar vueltas alrededor del segundo sol. Cuando esa órbita esta completa, la abandona para circundar alrededor del tercer sol. Todos los planetas no se mueven de la misma manera, pero todos viajan de sol a sol y de órbita en órbita. Ixistar es uno de los sistemás solares más espectaculares que existen en esa galaxia. ¿Me han entendido ahora? Espero que sí.

El primer planeta que gira alrededor de los tres soles de Ixistar se llama Firzah. Es un planeta pequeño pero de gran belleza. Su superficie esta formada de cobre con venas de aluminio. Es muy rico en minerales y en sus rocas resplandecientes se encuentran yacimientos de esmeraldas y diamantes. Debido a su gran proximidad a los tres soles su atmósfera es muy candente, y no permite la expresión de la vida vegetal o animal. Los seres que allí habitan están formados de sustancias gaseosas o minerales. Estas últimas son casi todas metálicas o rocosas. Firzah fué el planeta donde mi alma tuvo su primera experiencia material.

Todas las almás jóvenes son inocentes. Llegan a la materia sin experiencia alguna. Su misión es la de aprender las lecciones del mundo material, a vivir en la materia, tratando siempre de purificarla sin contaminarse con sus efluvios. Muy pocas lo logran porque no es fácil. El mundo material es denso y sus vibraciones son muy poderosas. La mayor parte de las almas encarnadas son fuertemente influenciadas por la materia y terminan perdiendo contacto con el mundo astral al que verdaderamente pertenecen. Esto es inevitable ya que cada alma tiene que pasar por las experiencias materiales.

Al término de cada existencia material, el alma ha aprendido nuevas lecciones. Si se ha dejado influir demasiado por el mundo material y ha roto las leyes cósmicas, tiene que reparar sus faltas y volver a pasar por la misma experiencia hasta que aprenda la lección de esa existencia sin romper las leyes cósmicas.

La primera lección que toda alma tiene que aprender es la lección del dolor. El dolor es un espejismo. Sólo existe en el contexto de la materia. El alma está exenta del dolor porque es perfecta. El dolor es una expresión de la imperfección de la materia. El alma sabe esto pero el cuerpo no. Tal vez lo sospecha pero la fuerza de la materia, la evidencia aparente de los hechos, lo confunden. El cuerpo sólo cree lo que ve, lo que percibe como realidad. Por eso sufre con el dolor, ya sea físico o moral.

Yo entré al dolor temprano en mi vida física. En Firzah existen sólo dos formas de vida, la mineral y la atmosférica o de gases. La vida mineral existe en la superficie del planeta y la atmosférica encima de este. En mi primera existencia pertenecí a la forma de vida más sutil de Firzah, a la vida atmosférica. Mi cuerpo, si cuerpo podía llamarse, estaba formado de los elementos hidrógeno, fósforo y neón. Mi forma era móvil, cambiaba continuamente, dándome la apariencia de una nube dorada fosforescente con destellos plateados en su interior. Otras entidades atmosféricas tenían composiciones similares a la mía pero existían infinidad de variaciones. Mientras más compleja era la inteligencia de un ser, más colores tenía en su formación. Los tres regentes nuestros emitían colores indescriptibles como si fueran arcoirises de tonalidades inverosímiles.

La vida en Firzah no nace, surge espontáneamente. Y surge con inteligencia ya desarrollada, lista para tomar parte en la sociedad a la que pertenece. Mi alma fué envuelta en el vórtice de tres gases, y mi consciencia quedó presa en ese núcleo. Mi primera sensación fué de gran angustia ya que no sabía quién era ni en dónde estaba. Pero rápidamente llegó a mi lado otra forma similar a la mía y me explicó la transformación por la que yo estaba pasando. La comunicación entre ese otro ser y yo fue físico, pero muy tenue. Apenas uno de sus átomos tocó mi forma. Sin embargo el mensaje fue completo e instantáneo.

Mi segunda sensación fue la de un gran dolor físico, un dolor aniquilante, avasallador, asfixiante. Cada uno de mis átomos se contorsionó de desesperación ante tan terrible paroxismo. De nuevo sentí la presencia de mi compañero anterior. Su contacto me dijo que el dolor era causado por la presión de los gases en el núcleo donde yo habitaba. Ya me acostumbraría a él, añadió. Pero se equivocó. Durante los trescientos años que habité en ese cuerpo vaporoso, sufrí ese dolor sin nombre y jamás me acostumbré a él. Tampoco me consoló el hecho de que otros seres de mi especie sufrieran el mismo dolor. Mi único consuelo en Firzah fue Verdigris.

Mi trabajo en Firzah comenzó en el momento de tener conciencia material. El trabajo consistía en exacerbar la actividad de la segunda forma de vida del planeta, la cual era sólida, formada de rocas, metales y otras sustancias parecidas. Esta forma de vida mineral interaccionaba entre sí, eran móviles, se reproducían sexualmente y se expandían. También se movían a través de la superficie del planeta con velocidad vertiginosa. Y a pesar de ser tan sólidas, eran increíblemente livianas. Estos seres minerales de Firzah eran de gran belleza física, pero de una inteligencia inferior a la nuestra. Sin embargo, a pesar de poseer nosotros un intelecto superior, nuestra sobrevivencia dependía de esta vida mineral ya que su continua actividad creaba los gases que nos daban vida.

Muchas veces me pregunté por qué deseaba nuestra raza la vida cuando ésta era una existencia atrofiada por el constante tormento del dolor. Y esta pregunta siempre era contestada de la misma manera: Ese dolor es sólo una manifestación de la materia. En realidad no existe. Y de nuevo era exhortado mi espíritu a sobreponerme a mi miseria, a ignorarla, a crecer sobre de ella. Pero jamás pude. Mi alma era demásiado joven y aún no había aprendido a controlar sus reacciones físicas.

Parte de mi trabajo en Firzah, como lo era el de otros seres de mi especie, era viajar a través del planeta incitando a la especie mineral a moverse, a expandirse, a reproducirse. Esto lo lográbamos ejerciendo presión sobre la superficie donde existía la vida mineral.

En el norte de Firzah la superficie estaba formada casi totalmente de bellísimás rocas tornasoladas en formaciones exquisitas. La percepción de esa belleza turbaba mi espíritu porque mi especie no sabía expresar la admiración ni conocía el deseo. Sin embargo, algo en mí se sentía desesperadamente atraído a este lugar y anhelaba percibir el contacto físico con esa materia.

A menudo volvía al mismo lugar donde las formaciones cambiaban constantemente, cada una más bella que la anterior. En una de esas ocasiones, bajé rápidamente hasta la superficie, la cual sólo había observado desde la altura.

Mi cuerpo vaporoso se extendió como una nube dorada sobre la roca más bella y la tocó suavemente. La sensación fue inexpresable. Como un choque eléctrico, mi cuerpo se estremeció con una sensación desconocida. El dolor que continuamente me acechaba desapareció en ese instante y lleno de terror,me separé rápidamente de la superficie mineral. El dolor retornó al instante, con renovada furia, como si la separación momentánea le hubiera dado nuevos ímpetus.

La roca tornasolada donde me posé en ese instante se estremeció levemente y sus colores maravillosos adquirieron matices deslumbrantes. Un tenue gas verde y plateado surgió de su piel de piedra y se elevó lentamente hacia mí. Era una nueva forma de vida, creada por mí, nacida de mí y de mi efímero contacto con la roca. De esa manera llegó a mí vida Verdigris.

Todo cambió para mí desde ese momento. Durante mi existencia en Firzah mi contacto con otros miembros de mi especie había sido siempre mental. Jamás había sentido ninguna emoción ni sentimiento alguno. La nuestra era una civilización de orden intelectual, donde las emociones eran inexistentes. Pero Verdigris transformó todas mis percepciones. Junto a su ser conocí la realización de mi existencia, ya que con Verdigris lo llegué a compartir todo, mi ser y mi vida.

Cuando percibí su esencia por primera vez me precipité a establecer contacto y su roce me permeó de alegría. Porque Verdigris no sentía el dolor que atormentaba al resto de nuestra raza. Su contacto era dulce y suave, lleno de una inefable ternura. Su alma destellaba con la misma luz tornasolada, luz de crisol, que brillaba en la roca que le había dado vida. Al tocar su esencia, mi dolor no desapareció pero se me hizo más tolerable.

Desde ese instante Verdigris y yo fuimos inseparables. Viajábamos juntos a las diferentes zonas del planeta y trabajábamos al unísono para crear nuevas vidas. Pero jamás volvimos al área donde establecí contacto con la roca de donde surgió Verdigris.

La compañía de Verdigris hizo mi existencia más llevadera en Firzah. Nuestra atracción creció a través del tiempo y periódicamente, cuando terminábamos un trabajo muy extenso, uníamos nuestras esencias para duplicar energías. No era una unión sensual ya que estos sentimientos eran desconocidos por nuestra raza, pero era más potente que una simple unión física. Era la identificación total de nuestros seres, la fusión de nuestras identidades, de nuestros pensamientos, de nuestra esencia vital.

Pero Verdigris no pertenecía realmente a nuestra raza. La fuerza que nos mantenía contínuamente activos a mí y a mi especie era el dolor que nos acechaba eternamente. Verdigris no conocía ese dolor. Su existencia estaba envuelta en una extraña alegría de vivir, un revoletear perenne en una nube verde y plateada. Un sentir total de la vida, una percepción intensa de todo lo bello del planeta.

No sé cuando comencé a percibir que su esencia se debilitaba. Más que verlo lo sentí durante una de nuestras uniones. Su ser no vibraba en mí con la misma intensidad. Su fuerza se desvanecía suavemente, con la ternura exquisita que caracterizaba todo su ser. Algo en mi tembló lleno de miedo. Verdigris lo sintió. Por un momento su alegría constante se detuvo. Pero de inmediato renació más fuerte que antes. Su mensaje me llegó envuelto en cendales de luz. No temas, me dijo, ya nos encontraremos de nuevo, en otras vidas, en otros mundos.

Después de ese momento su esencia se fué apagando. Un día frente a mí, su forma tenue se disipó del todo. No sé cómo expresar lo que sentí en ese instante. Ya he dicho que los sentimientos no existían para mi raza. Pero Verdigris había abierto nuevas posibilidades en mi vida, había creado nuevas avenidas para explorar y había acelerado la evolución de mi espíritu. Algo en mí murió al morir Verdigris. El dolor monstruoso de mi cuerpo palideció ante el dolor de mi alma. Desesperado volví al lugar donde cien años antes toqué la roca de donde surgió Verdigris. Pero el paisaje había cambiado totalmente. Las rocas habían desaparecido y un mar de cobre líquido con olas de esmeraldas se extendía hasta el horizonte.

Enloquecido, floté hacia la altura y me deshice en pedazos en el espacio. Los gases que componían mi organismo se disiparon en jirones de oro y plata. El dolor que me había acompañado por tres siglos sólo se disipó con mi existencia. No sé si los otros miembros de mi raza notaron mi partida. Lo que sí sé es que no la lloraron. En ese planeta y en esa especie no existe ese tipo de sentimiento.

No fué el dolor físico lo que yo rechacé con mi acción. Fué el dolor moral. Ese rechazo me condenó a volver a vivir la misma experiencia y a recibir la misma lección una y otra vez.

Si hubiera sabido el precio de mi acción espontánea, hubiera tratado de resistir mi dolor. No soy cobarde. Nunca lo fui. Después de todo, sufrí en silencio y por trescientos años el dolor físico más destructor que jamás pueda concebirse. Si escapé a la vida, si me negué a continuar mi existencia no fué por cobardía, fué por amor. Después de haber compartido mi ser con Verdigris no podía concebir la vida sin su esencia.

¡Ah infeliz! ¡Qué caro pagué mi rechazo! ¡Qué mucho dolor tuve que pasar, qué muchas vidas tuve que vivir, qué muchos siglos tuvieron que pasar antes de encontrarme de nuevo con Verdigris!

Capítulo 3

✦ ✦

Almas Gemelas

Cada alma tiene distintas existencias que también pueden llamarse encarnaciones, ya que encarnar quiere decir penetrar en la carne o materia. Pero no todas las almas tienen la misma cantidad de existencias ni necesitan la misma cantidad de tiempo para pasar por la experiencia física y aprender las lecciones necesarias para completar su evolución espiritual. Algunas almas necesitan más tiempo que otras para completar este ciclo de aprendizaje, ya que muchas veces se niegan a aprender ciertas lecciones y tienen que repetir cada lección hasta que las asimilan del todo.

Como les dije antes, la lección más difícil que tuve que aprender fué la del dolor. Una y otra vez repetí esa lección en distinto cuerpo y en distinto sitio sin adelanto alguno. Mi alma no podía asimilar esa experiencia.

La desesperación que me llevó a terminar mi vida en Firzah me costó cara. Al terminar mi existencia mi espíritu cayó en una especie de sueño profundo del cual desperté al cabo de un tiempo, sintiéndome fuerte y lleno de renovada energía. En esos momentos no sabía cuánto tiempo había dormido, ni donde me encontraba al despertar. Más tarde supe que había dormido dos mil años y que el sitio en el que me encontré es el que se conoce como el vestíbulo de las almas en el segundo plano astral.

Al despertar lo primero que noté fue que estaba flotando horizontalmente en un espacio inmenso. Mi forma continuaba siendo la misma que había tenido en Firzah. Frente a mí habían dos entidades desconocidas, ambas envueltas en una nube de luz resplandeciente. Sin establecer contacto físico me comunicaron mentalmente que eran mis guías, seres escogidos por una inteligencia suprema, para ayudarme a adaptar a mi nuevo estado. Las preguntas que surgieron espontáneamente de mi mente fueron contestadas antes de tener tiempo de tratar de expresarlas. De esta forma telepática me informaron que mi rechazo de la lección que me había sido asignada había sido perdonado porque me había motivado el amor a otro ser, pero aún así tenía que asimilar esa lección. Me explicaron que aún continuaba en la misma forma que había tenido en Firzah porque así era como yo me concebía a mí mismo. El dolor físico que había sido la terrible insignia de mi vida en Firzah había desaparecido por completo ya que había sido parte de la lección, del Crisol de esa existencia. Crisol para estos seres significaba la evolución de un espíritu.

Cuando pregunté por Verdigris la luz que envolvía a los guías parpadeó levemente. Me dijeron que en el orden del universo todo—incluyendo las almas—es dual, femenino y masculino, negativo y positivo, al igual que el corazón del átomo, protón y electrón, cargas opuestas. Y sin embargo en total y perfecta harmonía. De esta unión perfecta surge la luz y la vida. Las almas gemelas, unidas en amor, como el átomo, como Dios, son hermafroditas en su esencia, ya que forman una entidad que es masculina y femenina al mismo tiempo. Pero antes de unirse para siempre en éxtasis eterno, deben tener la experiencia de la materia. Para lograr esto, tienen que dividirse y encarnar por separado. Sólo al final de una serie de existencias durante las cuales cada parte del alma se hunde en la materia, la trasciende y la purifica, pueden encontrarse de nuevo para unirse eternamente. Pero la materia es densa y eventualmente cada parte del alma que ha encarnado se envuelve en su nuevo cuerpo y olvida su condición espiritual. Esto hace que a menudo falle y no pueda completar la lección que le ha sido asignada en cada vida. Lo que no olvida es que está ausente. Por eso cada mitad del alma al encarnar busca inconscientemente a su otro yo en otros seres que le recuerdan la parte de sí misma que ha perdido. Esta búsqueda es generalmente en vano, ya que raras veces las dos partes de una misma alma se encuentran en la misma existencia. Cuando esto sucede, se reconocen de inmediato, aún sin saber el por qué de la atracción que las une. Pero la mayor parte de las veces sólo una encarna mientras la otra permanece en el mundo astral.

Verdigris—según ellos—era mi alma gemela, el otro lado de mi espíritu. Cuando mi cuerpo rozó la roca tornasolada, esa otra parte de mi ser que era Verdigris, y que no había encarnado, sintió el impulso irresistible de unirse a mí de nuevo y encarnó. Al hacerlo, rompió una de las leyes cósmicas ya que no estaba supuesta a nacer aún. Por esta razón y porque yo había abandonado la materia antes de tiempo, teníamos que estar separados por mucho tiempo hasta que la ley cósmica que ambos habíamos roto fuera restablecida.

Al recibir este mensaje de los seres que me habían sido asignados como maestros y guías, me llené de angustia. De qué forma—pregunté—puedo acortar el tiempo que debo permanecer separado de Verdigris. La contestación llegó a mí en el mismo instante que hice la pregunta: A través de la aceptación y la obediencia.

Una nueva existencia me fué ofrecida durante la cual tendría la oportunidad de adelantar grandemente en el progreso espiritual. La nueva lección que me esperaba era el control de mis sentimientos, además de mi antiguo enemigo, el dolor, el cual también tendría que vencer.

Lleno de exaltación, acepté de inmediato esta nueva vida, dispuesto a todo sacrificio para encontrarme de nuevo con Verdigris. Pero mis guías observaron mi excitación con gravedad. "Eres un alma aún muy joven," me advirtieron, "controla tu impetuosidad. Esta existencia no es fácil, ninguna lo es, y vas a tener grandes tentaciones. No cedas a ellas." Pero yo apenas escuché sus palabras. Mi alma sólo ansiaba encarnar rápidamente para adelantar con pasos agigantados en el camino de mi evolución hasta unirme por fin con Verdigris.

Mi próxima existencia tuvo lugar en la segunda galaxia después de la Vía Láctea, en un sistema solar llamado Varnya. Este grupo de planetas giraba alrededor de una estrella roja brillante a punto de convertirse en supernova. Cuando esto sucede la estrella explota violentamente y su energía se hunde adentro de sí misma creando un fenómeno conocido como un hoyo negro. Este hoyo, que es como una especie de corredor tenebroso, sirve de pasaje directo al otro extremo del universo. Es también uno de los portales al mundo astral. Existen millones de estos hoyos negros a través del universo y cada uno lleva a un plano distinto.

El planeta en el cual me tocó encarnar por segunda vez estaba en la séptima órbita del sol de Varnya y se llamaba Del. A pesar de la gran distancia que separaba a Del de su sol la luz roja de éste era tan poderosa que bañaba a Del de noche y de día. La atmósfera del planeta era de un rojo vivo que lo cubría todo. La superficie de Del estaba formada de hierro en polvo mezclado con molibdeno y otro elemento aún desconocido en Terra llamado Tritum. Este es un metal con un núcleo mucho más pesado que el uranio pero más estable.

Toda la superficie de Del estaba cruzada por ríos de plomo líquido. La vegetación era pesada, con grandes raíces que se extendían hasta las orillas de los ríos y se alimentaban directamente de sus aguas de plomo. La vida era corta en Del. En contraste con mi larga vida en Firzah, viví en el planeta de hierro apenas diez años, pero fueron diez años colmados de experiencias extraordinarias.

En Del existían infinidad de organismos, tanto líquidos como sólidos y gaseosos y dos especies que no pertenecían a ninguna de estas tres divisiones de la materia. La primera de estas era una forma viscosa, gelatinosa que sin embargo no tenía sustancia. De manera que no se la podía considerar ni sólida, ni líquida, sino más bien amorfa. La segunda tenia apariencia gaseosa pero era en realidad sólida. Su contacto era mortal. Esta segunda forma podía identificarse como la vida animal de Del. La primera era su enemiga más feroz. Las dos guerreaban constantemente.

En esta segunda existencia formé parte de la vida vegetal de Del. Mi cuerpo era un árbol frondoso cuyo tronco estaba formado de varios elementos que le daban un color púrpura con venas anaranjadas. Mi fronda era también anaranjada y dos veces en mi existencia di frutas purpurinas. Mi trabajo era mantener mi organismo en harmonía interna y asegurarme que la interacción entre especies a mi alrededor también fuera armoniosa. Mis ramas eran mis hijos y mi fronda nuestra protección. Diariamente extendía mis raíces bajo la superficie del planeta hasta llegar al río que nutria mi organismo. Mi vida hubiera continuado sin grandes cambios sino hubiera sido influida por las otras especies que con nosotros compartían a Del.

La especie animal de Del—de nombre Yartha—era de una maldad indescriptible. Destruía por el placer de destruir. Siendo la inteligencia superior de Del era también la más fuerte. Contrario a las otras especies del planeta que se manifestaban en infinidad de variedades, Yartha estaba expresada en un solo organismo. Este ser único era de una gran belleza física y se alimentaba de todas las otras especies de Del. Su apetito era voraz y su instinto destructivo, feroz. Periódicamente salía de caza y a su paso sólo dejaba los restos de lo que antes habían sido seres de gran belleza y bondad.

La especie vegetal de Del a la cual yo pertenecía tenía la capacidad de moverse de un lado a otro si así lo deseaba. Con mis sensitivas raíces yo percibía la trayectoria que Yartha iba a tomar a cada instante y me protegía junto a mis hijos, cambiando de localidad cuando sabía que ella se acercaba. La única especie que podía enfrentar a Yartha era Silomi, de aspecto repulsivo y gelatinoso pero de un alma llena de compasión y generosidad.

La primera vez que mis ramas florecieron y mi cuerpo dió frutos, Yartha se encontraba en el otro lado del planeta y cuando regresó, las otras especies habían consumido mis fragantes frutos color amatista. Su ira no tuvo límites ya que ella conocía la exquisitez de esos frutos y sabía que cada árbol sólo los producía dos veces durante su existencia. Miles de formas de vida perecieron bajo su ensañada furia por esta razón, y juró que cuando yo volviera a dar frutos, sólo ella los consumiría. También juró que tan pronto esto sucediera, me destruiría.

Varios años pasaron y de nuevo volví a florecer. Continué evitando cruzar mi camino con Yartha. Silomi, habiéndose aliado conmigo, había prometido defenderme contra la rabia destructiva de su enemiga.

Una mañana esplendorosa, cuando los rayos carmesí de nuestro sol se elevaban sobre el horizonte, toda mi fronda se llenó de frutos. Las ramas, mis hijos, se enajenaron de gozo ante el deslumbrante espectáculo. Esta vez los frutos eran mucho más grandes y jugosos que la primera vez. Distintas especies se arremolinaron a mi alrededor a pedirme que compartiera con ellos mi vendimia. Mis hijas movían sus ramas para que los frutos se esparcieran por doquier.

De pronto percibí frente a mí a Silomi. Su mensaje me llegó a través del silbido tenue con el que se comunicaba. Me dijo sin preámbulos que tenía que cambiar de lugar de nuevo porque Yartha estaba en camino. Pero esta vez no era tan fácil para mí moverme ya que mi cuerpo estaba cargado de frutos. Antes de tener la oportunidad de contestar a Silomi, Yartha llegó a nuestro lado. Rugiendo como una loba se abalanzó sobre mí. Silomi la enfrentó con valentía y se interpuso entre Yartha y yo. Pero esta vez la fuerza de Yartha estaba multiplicada por su odio y por su deseo destructivo. Una y otra vez Silomi la atacó, pero siempre Yartha lo vencía. Entre ataques Yartha asaltaba mi tronco, arrancándome con sus zarpas parte de mi tronco, mi fronda y mis ramas. Estas últimas, lo más amado por mí, eran la parte más débil de mi ser y dependían de mi fuerza y sostén para sobrevivir. Cada vez que Yartha arrancaba una la destruía para siempre.

Lleno de desesperación fui testigo y víctima de esta terrible masacre, sin poder huir ya que Yartha se había abrazado con toda su fuerza a mi tronco. Sabía que mi muerte estaba cerca y que debía rendir mi vida al infinito y aceptar la ley cósmica de la sobrevivencia del más fuerte. Pero algo en mí se rebeló ante estos designios. Temblando de dolor, ciego de ira, forcé mis raíces fuera del hierro donde estaban enterradas, y las enrosqué ferozmente alrededor del cuerpo de Yartha. Su fuerza era pavorosa pero mi desesperación me hizo más fuerte. Enredado de esta manera a mí enemiga, impulsado por la fuerza de mi fronda llegué al río de plomo de donde me nutría y me lancé a su espesa corriente. Sin hacer caso de los despavoridos aullidos de Yartha me hundí con ella para siempre bajo las olas plateadas.

Esta vez dormí durante mil años. Al despertar, me encontré de nuevo en el vestíbulo de las almas. Mis dos guías estaban de nuevo frente a mí. Estaba como la primera vez flotando en el espacio, pero ahora mi cuerpo era simplemente un punto de luz rojiza. En el momento de despertar, llegaron en un caudal vertiginoso a mi mente el recuerdo de mis dos existencias pasadas junto a las experiencias que en ellas tuve. Cada existencia la viví del todo en ese momento pero sin emoción alguna, como el que ve rodar frente a sí escenas de un drama del cual sólo se es un espectador. Lo único que estremeció mi espíritu en esos momentos fué el recuerdo avasallador de Verdigris.

"Aun no podéis encontraros," me llegó el mensaje mental de uno de mis guías, el cual había percibido mi recuerdo.

"¿Por qué no?" preguntó mi alma.

"Porque has pasado por dos existencias para aprender la lección del dolor y continúas rechazando esa experiencia. Sólo cuando aprendas esa lección y la asimiles en tu alma podrás unirte de nuevo a Verdigris."

Estas palabras del segundo guía me llenaron de angustia. Temblando, me levanté de mi tálamo invisible.

"¿Pero, cuál ha sido mi culpa? ¿En qué forma he faltado esta vez a la ley cósmica?"

Uno de los guías, a quien más tarde llegué a conocer como Jeremías, me contempló severamente.

"¿No has visto que tu forma actual es un rayo de luz roja? Esta es una expresión de tu rebelión, ya que el rojo es el color que refleja la batalla y todo lo que está en conflicto. La pasión de tu alma, tu falta de harmonía espiritual, fuerza de guerra en desbalance, eso es el rojo en tu alma. ¿Preguntas qué hiciste en tu última existencia? No solamente destruiste tu vida de nuevo, sino la de otro ser de una especie superior a la tuya. Si hubieras aceptado la lección del dolor con humildad, si hubieras entregado tu vida al Creador sumisamente, hubieras asimilado la lección y hubieras adelantado grandemente en tu evolución espiritual y en tu búsqueda de tu alma gemela. Sabes que sin ese otro ser estás incompleto, que Verdigris es la otra parte de tu alma. ¿Por qué continúas retardando ese encuentro?"

"Pero Yartha era un monstruo, cómo podía ser superior a mí? ¿Por qué se le permitieron tantos horrores? ¿Por qué me estaba vedado defenderme? Y ¿cómo iba a saber yo que mi acción iba a retardar mi encuentro con Verdigris si al encarnar olvido mi pasado?"

"El cuerpo que ocupas olvida tu pasado pero tú alma no. Si te armonizaras con tu yo interior, con tu propio ser, sabrías instintivamente cómo actuar en cada existencia. Yartha era un monstruo pero su existencia era parte de la evolución cósmica del planeta Del. Al destruir a Yartha afectaste grandemente la evolución de Del y la del sistema solar de Varnya. Nunca oses pasar juicio sobre los designios del Creador. Su sabiduría es total y existen poderosas razones detrás de cada una de sus decisiones. Confía en Él y un día lo encontrarás frente a frente."

"Y ahora qué va a sucederme? Voy a ser castigado?"

Jeremías me miró con tristeza.

"¿Qué te hace pensar que el Creador castiga a sus criaturas? ¿Por qué le ofendes con esos pensamientos?. Él sabe que eres débil, que estás luchando contra la materia. Y esta es mala consejera, aniquila la fuerza de voluntad de las almas, las aturde y las lleva a cometer graves errores. La materia es un espejismo como lo es el dolor que te aflije en cada una de ellas. Una vez que aceptes que sólo vives un teatro, que todo es pasajero, que lo único que es real es la eternidad de tu esencia, podrás vencer el dolor, la vanidad, el miedo. Y, ¡sí, podrás vencer hasta el amor!"

"Y ¿qué va a pasar conmigo ahora?"

"Ya el Creador te ha perdonado. Existe una nueva Yartha en Del. Aún tienes que aprender la lección del dolor. Pero no ahora. En tus próximas existencias vas a luchar contra la vanidad, el orgullo, la avaricia, la lujuria, el egoísmo, el miedo, la inseguridad, los celos, la duda, el ansia de poder, la ambición desmedida, la mentira, el crimen y otros enemigos del alma. Al final, cuando los hayas vencido a todos, volverás a luchar contra tu antiguo enemigo, el dolor. Sólo necesitas fe en el Creador. ¿Te animas?"

Ante las palabras inspiradoras de Jeremías, mi espíritu se llenó de paz y de esperanza.

"Sí, ¡me animo!" le dije. "Estoy dispuesto a continuar mi peregrinaje!"

Los dos guías se elevaron sobre mi forma. Una luz blanca deslumbrante surgió de sus esencias unidas y envolvió mi espíritu. Inmediatamente perdí el sentido. Cuando recobré mi conciencia, había encarnado de nuevo.

Capítulo 4

❧ ❧

Muchos Mundos

Jeremías me había dicho que tenía que volver a enfrentarme al dolor y vencerlo pero que antes tenía que aprender otras lecciones a través de otras vidas. El ciclo de encarnaciones varia de alma en alma y es determinado por la habilidad de cada ser de asimilar y aprender lecciones.

En mi próxima existencia habité la conciencia de las aguas en un planeta llamado Ardanis un poco más allá de las Pléyades. Fue una vida larga y sin complicaciones, tal vez porque Jeremías y mi otro guía, Joab, querían que tuviera una existencia agradable en contraste con las dos anteriores. Mi lección en ese planeta fué la paciencia. Las aguas no tienen razón por la cual desesperar o afanarse. Sus vidas están plenas de serenidad y aceptación de las leyes cósmicas.

Ardanis era uno de tres pequeños planetas en órbita alrededor de una estrella bellísima cuya luz refractada llegaba a Ardanis en forma de un arcoiris radiante de miles de colores. Los tres planetas estaban habitados por la misma raza, seres de extraordinaria inteligencia pertenecientes a una civilización muy adelantada cuyo mayor interés era viajar por otras galaxias. En un millón de años habían llegado hasta los confines del universo, porque contrario a lo que cree la raza humana, el universo no es infinito. Pero de eso, hablaremos más adelante.

Los tres planetas, Ardanis, Dramanis y Gratilis, habían evolucionado idénticamente, estando compuestos de los mismos elementos y en órbitas muy cercanas. Los habitantes de este sistema solar se llamaban a sí mismos Drekogi y hacían sus viajes intergalácticos usando rayos terciarios que los transportaban instantáneamente al sistema solar o planeta que deseaban visitar. Mis aguas estaban contínuamente surcadas por estos rayos, a través de los cuales los Drekogi se transportaban de uno a otro planeta.

Las aguas en Ardanis no estaban compuestas de hidrógeno y oxígeno como en el planeta Terra. Sino de molibdeno y nitrógeno líquidos. Esta mezcla hacía las aguas de Ardanis espesas y viscosas, de color cobrizo con tonalidades doradas. La conciencia de las aguas fluye como su corriente. Es decir, se mueve de ola en ola y de remolino en remolino, extendiendo su inteligencia a lo largo de su curso. Así viví yo por quinientos años, flotando de un extremo al otro de Ardanis, intercambiando experiencias con las olas, recibiendo en mi esencia el impacto incandescente de cada rayo terciario como un estremecimiento cósmico que iluminaba mi entendimiento.

Los Drekogi eran seres de gran sentido cósmico y en cada viaje intergalaxial trataban de elevar la inteligencia colectiva de las razas que habitaban los mundos que ellos visitaban. En el planeta Terra, al que visitaban periódicamente, dejaron sentir su presencia de forma muy poderosa implantando en varias ocasiones algunos miembros de su raza entre los terrestres. Estos Drekogi eran generalmente implantados como hombres y mujeres de ciencia o políticos de gran impacto los cuales ayudaron a desarrollar la conciencia del planeta Terra y la evolución de sus habitantes. En ningún momento estos Drekogi fueron percibidos como extraterrestres. Más bien los seres terrestres esperaban contínuamente visitas de seres interplanetarios sin saber que estos vivían entre ellos desde hacia muchos siglos.

El final de mi existencia en Ardanis tuvo lugar con la misma rapidez con la cual comenzó allí mi vida. Simplemente mi conciencia abandonó las aguas y me encontré de nuevo en el vestíbulo de las almas junto a Joab y a Jeremías.

"Quinientos años de paz han ayudado grandemente a tu espíritu," me dijo Jeremías. "Tu aura ha adquirido más luz y ya no tienes destellos rojizos en tu esencia."

"¿Por qué me sacaron de Ardanis?" le pregunté. "Allí fui muy feliz. Hubiera querido permanecer con los Drekogi por siempre."

"¿Tan rápidamente te has olvidado de Verdigris?" fué la respuesta de Jeremías a mi pregunta.

Como un dique que se rompe de improviso, las aguas de mi recuerdo inundaron mi pensamiento, trayendo consigo mis existencias pasadas y con ellas, la esencia bienamada de Verdigris. Mi espíritu se estremeció como azogado.

"¡Verdigris!" exclamé despavorido. "¿Qué ha sido de Verdigris? Me prometísteis que estaríamos juntos de nuevo. ¿Cuánto más hemos de esperar?"

"Apenas ha comenzado tu peregrinaje y ya desesperas de tu misión. Quinientos años en la paz de Ardanis debió haberte enseñado mucha más paciencia." El que habló ahora fue Joab, su rostro luminoso destellando suavemente.

Bajé la cabeza apesadumbrado.

"Tienes razón," concedí con un profundo suspiro. "Necesito asimilar cada lección más fuertemente. La paciencia ha sido la más bella enseñanza hasta ahora. Creo que me ayudará a enfrentar las lecciones venideras con más entereza espiritual."

"Tus palabras me llenan de gran satisfacción," me contestó Joab. "Indican que has adelantado mucho. Jeremías y yo hemos consultado tu caso con la Hermandad Blanca que está a cargo de los espíritus de tu nivel astral. Ha sido decidido que el resto de tus experiencias materiales va a tener lugar en el sistema planetario llamado Solaris. Esta es una estrella de orden mediano y de luz blanca. Tiene doce planetas en diferentes órbitas girando a su alrededor. Cada planeta tiene distintas formas de vida las cuales no se reconocen entre sí, ya que son totalmente distintas unas de otras. En su primera órbita Solaris tiene a un planeta minúsculo llamado Mercurio cuya superficie está formada de rocas derretidas por el efecto candente de la proximidad de Solaris. La forma de vida en Mercurio es gaseosa y líquida. Parecida a las que conociste en tu primera existencia en Ixistar. Su adelanto espiritual es mediano, pero su evolución es muy accelerada. Prontamente desarrollarán interés en el resto del universo creado. En la segunda órbita está Venus, cuya superficie está oculta por grandes cúmulos de nubes. Estas son el resultado de la pesada atmósfera del planeta donde cae una lluvia continua de azufre. La vida en Venus existe bajo la forma de gases, líquidos y sólidos, en infinidad de variedades. La inteligencia varia entre las diferentes especies pero existe una especialmente inteligente que es gaseosa. Esta es una especie que se comunica entre sí telepáticamente y no tienen necesidad de materia sólida. Son los que controlan a Venus y se llaman Tephesch."

"¿Quienes los llaman así, vosotros o ellos mismos?" le pregunté a Joab. "Los nombres de las diversas razas y planetas son los mismos en todas partes del universo," me contestó el guía. "Son transmitidos a cada especie telepáticamente por las fuerzas que rigen el cosmos."

"¿Y qué planeta sigue a Venus?" le pregunté.

"El planeta Terra, que es el que está en la tercera órbita alrededor de Solaris. En Terra la conciencia espiritual se expresa en gases, líquidos y sólidos y en gran infinidad de especies. Casi todas se comunican entre sí telepáticamente con la excepción de una de las razas de orden mediano. Esta pertenece a la forma sólida y se llama a sí misma Humanidad o Humanos. Los Humanos están convencidos que son la especie más inteligente del planeta pero en realidad no lo son. La especie más adelantada es de orden gaseoso y se llaman Angeles. Tienen muchas jerarquías de gran evolución y son los que protegen al planeta y mantienen a los Humanos bajo control. Se puede decir que son los hermanos mayores de la raza humana a la que ayudan constantemente. Los Humanos son una raza escogida que están a comienzos de su evolución material y espiritual. Es una raza noble que debido a su atraso evolutivo peligra como especie. Si la especie logra pasar por la etapa que está atravesando sin destruirse, su evolución la puede llevar al desarrollo material y espiritual más grande de su galaxia."

"¿Cuál es el peligro que los acecha?" pregunté de nuevo.

"Su inhabilidad de controlar a la materia y el falso concepto de que la materia lo es todo," dijo Jeremías.

"¿Pero no aprenden ninguna lección durante sus vidas en Terra?" insistí.

"Naturalmente que aprenden lecciones, pero el planeta es muy bello y desarrolla en los que allí residen un deseo inaudito de no abandonar jamás la materia y permanecer siempre en Terra, gozando de los placeres que esa existencia hace posible," dijo Jeremías.

"No entiendo de qué placeres hablas," le contesté. "En todas mis existencias no he conocido jamás ningún sentimiento como el que describes."

"Eres muy joven aún," me dijo Joab. "No hubieras podido resistir las tentaciones de Terra si te hubiéramos mandado allí en tu primera existencia. Las almas van allí en sus últimas manifestaciones materiales. Es un planeta donde el espíritu es severamente tentado y atormentado. Muchos no resisten estas influencias y rompen severamente las leyes cósmicas. Otros pasan por el crisol de la experiencia terrestre de una forma sublime y terminan su peregrinaje en Terra. Pero la mayor parte sólo asimilan parte de la lección y tienen que continuar sus existencias hasta que la han aprendido del todo."

"¿Quiénes tientan a los Humanos en Terra?" pregunté.

"Los Vreckli," me contestó Jeremías. "Ellos son parte de los guías oscuros cuya misión es la de probar a las almas para saber si están asimilando bien sus lecciones."

"¿Me han tentado a mí también alguna vez?"

"Naturalmente, en cada existencia," dijo Joab. "Es su misión. Una misión muy importante en la evolución del cosmos."

"¿Por qué no me habías dicho nada sobre los Vreckli antes de ahora?"

"Porque no hubieras entendido. Ahora tu intelecto está más evolucionado y puedes recibir esa lección," dijo Jeremías. "Si la asimilas bien te va a ayudar grandemente en tus futuras existencias."

"¿Pero cómo puedo identificar a los Vreckli?" insistí, fascinado con el concepto de esta extraña especie. "¿Qué aspecto tienen?"

La luz deslumbrante que emanaba de los dos guías cambió levemente. El rostro de Joab fue más discernible a través de la nube de luz que lo escondía. Percibí un ser muy bello de una hermosura transcendental y unos ojos de pupilas doradas que me miraban fijamente.

"Los Vreckli no pueden ser jamás percibidos," me dijo. "Su esencia no está manifestada en luz , sino en oscuridad. Son parte del caos del que surgió el primer destello del cosmos. No te perturbes pensando en ellos. Su misión no es de destrucción, sino de purificación. No la podrías comprender en tu presente estado de evolución. Los Vreckli simplemente cumplen con una labor que les ha sido designada por el Creador del Universo, a quien sirven como le servimos nosotros, pero de distinta manera."

"¿Cuáles son los otros planetas después de Terra?" pregunté, percibiendo que ninguno de los dos guías deseaba continuar el tema de los Vreckli.

"En la cuarta órbita está Marte," dijo Jeremías. "Su superficie está formada por un gran desierto de arenas rojizas. Los elementos más comunes allí son carbono, oxígeno, azufre y cobre y sus combinaciones han producido formas de vida sólidas, rocosas. Estas no son de una alta evolución. Su manifestación como conciencia cósmica es tenue y se desarrollan muy lentamente. En la quinta órbita está el planeta gigante llamado Júpiter cuya superficie gaseosa está formada de hidrógeno y de helio en su mayor parte, además de muchos compuestos de amonio. El suelo de Júpiter es único en este sistema solar ya que está formado enteramente de diversas capas de gases. En el centro estos gases están enormemente calientes lo que ocasiona grandes turbulencias en su superficie."

"¿Existe vida allí, seres en evolución como yo?" quise saber.

"Naturalmente que existe vida y de gran evolución espiritual," contestó Joab. "La superficie de Júpiter es una de las fuentes de energía cósmica más importantes de esa galaxia. Allí paran muchos viajeros interplanetarios para reintegrar energías, y muchos seres astrales para establecer contacto con otras fuerzas cósmicas. Las especies de Júpiter son todas de forma gaseosa y de inmensa capacidad espiritual. Su evolución es tal que no te sería fácil comprenderla en tu presente estado evolutivo."

"¿Y cuáles son los otros planetas de Solaris?"

"Después de Júpiter está Saturno, el gran planeta de los aros concéntricos a su alrededor. Estos aros son formados por grandes concentraciones de gases y de rocas todos controlados por dos pequeñas lunas en órbita alrededor del planeta. Es en estas lunas que habita la forma de vida más desarrollada de Saturno, una conciencia de roca viviente. A Saturno lo siguen las órbitas de Neptuno, Plutón, Chirón, Germanicus y Pretorius. Todos estos planetas están habitados por especies de gran inteligencia en distintas manifestaciones. Pretorius, el último planeta de Solaris, tiene formas de vida de agua sólida, es decir de hielo y argón. En ese mundo la luz de Solaris apenas llega. Está envuelto en una oscuridad total la cual es iluminada por estos seres de cuyo interior procede una luz creada por la conjunción de gases donde predomina el argón y el neón. Su inteligencia es preclara y su evolución extraordinaria. Su influencia mantiene al sistema de Solaris en harmonía y no permite que ningún objeto celeste perturbe sus atmósferas. Eventualmente, cuando todas estas especies lleguen a la culminación de su evolución colectiva, se unirán en una hermandad que va a transformar su galaxia y más tarde al universo. Todo es parte de un gran plan. Por eso cada planeta de ese sistema solar es importante y tiene un guía especial que lo rige y protege."

Joab terminó de hablar y su luz se unió a la de Jeremías formando una sola fuente luminosa.

"¿Qué has aprendido de todo esto?" me preguntaron al unísono.

"Que sé muy poco, que soy muy joven y muy pequeño y que quisiera saber más."

"Tendrás la oportunidad de inmediato. Esta vez vas a tener la oportunidad de aprender varias lecciones y experiencias en la misma existencia."

"Cuáles, decidme cuáles y en dónde," exclamé lleno de exaltación.

"Terra es el lugar y la lección es el placer por el cual preguntaste antes. Junto con la experiencia del placer tendrás la experiencia de la avaricia, la lujuria, los celos, el poder y el crimen. No será una existencia fácil y recuerda en tu yo interior que los Vreckli van a atormentarte y a tentarte a lo largo de esa vida. Si te vencen vas a tener que pasar por muchas más evoluciones antes de encontrarte de nuevo con Verdigris."

"¿Estaréis vosotros conmigo?" les pregunté trémulo, mi espíritu sobrecogido de un temor desconocido.

"Siempre estaremos a tu lado. Nunca estarás solo. Permita el Creador que tu fe persista a través de las tinieblas."

La luz se extinguió de pronto y de nuevo perdí el sentido. Al despertar estaba en Terra.

Capítulo 5

❧ ❧

Terra

Mi primera impresión del planeta Terra fué una de gran frialdad. Unas manos rudas me sacaron con brusquedad de un sitio tibio y acogedor donde había estado flotando en gran harmonía por lo que me pareció un largo tiempo, tal vez una eternidad. Expresé mi incomodidad y molestia de forma audible pero, recordando la promesa que había hecho a mis guías de ser paciente, traté de controlar mi enojo.

Las mismas manos me lavaron en agua tibia, me secaron y envolvieron en un lienzo tosco. Más tarde me enteré que la tela era seda pero a mi piel sensitiva le pareció roca. De inmediato me dieron de comer de una fuente muy tibia de donde salía mi sustento, una sustancia agradable pero algo rancia. Luego me dijeron que era el pecho de mi madre.

Los primeros días de mi existencia fueron muy agradables, alternando períodos de un grato sueño con otros de frialdad y gran incomodidad. Cuando estaba despierto me pasaban constantemente de mano en mano y aunque no entendía aún el lenguaje que escuchaba, sabía que mi presencia era muy grata a todos. Si esta es la vida difícil que me presagió Jeremías, que me mande muchas más, me decía todos los días satisfecho.

Según fue pasando el tiempo fui reconociendo a las distintas personas que me rodeaban y comprendiendo poco a poco el idioma que usaban. Mi madre era muy bella, de facciones exquisitas pero de carácter terrible. Todos los días le reprochaba a mi padre su frialdad hacia ella y sus constantes ausencias. Él no le contestaba nunca, pero me era fácil leer en su faz cansada el gran esfuerzo que debía hacer para no discutir con ella.

El sitio donde viví en esos primeros meses era muy acogedor y mi cama, bordeada de planchas de oro, estaba siempre al aire libre, frente a un mar azul como una turquesa líquida. Las dos mujeres que me cuidaban eran nubias y su piel de ébano contrastaba agradablemente con las túnicas de lino blanco que siempre las cubrían.

Al principio mi madre venía a visitarme dos veces al día. Pero al final dejó mi cuidado en manos de las nubias y sólo venía a verme una que otra vez durante la semana. En ese tiempo mi alimento provenía de una mujer enorme con un infante más joven que yo, al cual alimentaba después que a mí. Tal vez porque el sustento no era suficiente para ambos, el otro niño estaba pálido y delgado. Su madre nunca se quejó por tan obvia injusticia y continuó viniendo a alimentarme cuatro veces al día. Un día llegó sin el otro infante al cual jamás volví a ver. No sé si murió o qué pasó con él. Al poco tiempo la mujer tampoco vino. Mi alimento fué cambiado por leche de cabra a la que encontré mucho más apetecible que la sustancia que había estado ingiriendo hasta esos momentos.

Durante este tiempo era visitado periódicamente por Jeremías y Joab, los cuales me instruían telepáticamente sobre la misión que me esperaba en Terra. No iban a poder venir a verme después de cierto tiempo, me dijeron.

La influencia de Terra se empezaría a hacer sentir muy pronto y yo iba a olvidar la razón de mi existencia. Era necesario que instruyera a mi yo interior a que recordara en silencio las instrucciones de mis guías para que estas no se perdieran.

La comunicación entre mis guías y yo no utilizaba idiomas. Era más bien un plasmar de ideas que iban de un espíritu a otro. No era necesario nunca exteriorizarlas. Esas eran percibidas tan pronto eran concebidas. Sin embargo, en Terra, cada persona hablaba de una manera diferente y era fácil para mí observar que muchas de las cosas que decían no encontraban eco en sus espíritus. Cuando le pregunté a Joab qué significaba esto, me contestó que esa conversación se llamaba mentira. No tenía eco en el espíritu porque era falsa, no tenía base ni veracidad. Ante mi gran asombro, el guía continuó diciéndome que la mentira era común en Terra porque los Humanos no se confiaban los unos a los otros. ¿Por qué? quise saber. "Porque sólo piensan en sí mismos—me contestó—y sólo desean satisfacer su deseo de poder y dominio. Esta es una de las más terribles desgracias humanas, me dijo. Se llama egoísmo. Trata de no caer jamás en sus garras porque destruye todo lo que toca."

Según me vaticinaran mis guías, tan pronto comencé a hablar el idioma de Terra y a tomar parte más activa en lo que sucedía a mi alrededor, una parte de mi conciencia comenzó a cerrarse. El mundo de luz de mis guías comenzó a hacerse opaco y sus voces se volvieron casi inaudibles. Una mañana desperté sin más conciencia que la de un niño de año y medio.

Después de esto, mi vida fué más complicada. No tenía a nadie que me explicara todas las cosas extrañas que veía u oía a diario. Las mujeres que me cuidaban sólo se ocupaban de alimentarme y rodearme de objetos interesantes a los cuales explorar. Me aburría grandemente, y mis únicos momentos de alegría eran los que pasaba junto a mi padre, quien regresó a mi lado tan pronto mi madre perdió interés en mí.

Mi padre se ausentaba de vez en cuando para ir a hacer batalla a nuestros enemigos, según él. Cuando regresaba me traía muchos objetos raros y hermosos y pasaba mucho tiempo conmigo, como si hubiera deseado compensarme por el tiempo que había estado fuera. Mi madre evitaba encontrarlo y él a ella, pero cuando se encontraban frente a frente, las discusiones y recriminaciones mútuas eran aterradoras para mí. A mis gritos por fin se calmaban y era siempre mi padre el que abandonaba la habitación.

Mi infancia pasó rápidamente y cuando apenas había cumplido cinco años mi padre me enseñó a montar y a manejar la espada corta y la lanza. Uno de sus mejores entretenimientos era enfrentarme a un esclavo mucho mayor que yo, el cual tenía la orden de defenderse y atacarme como si yo hubiera sido un hombre adulto. Este esclavo había sido entrenado en las artes marciales y era muy apreciado por mi padre. Yo lo enfrentaba sin miedo, mis pequeños pies plantados firmemente a cada lado de mi cuerpo desnudo, mi torso cubierto por la armadura de oro, mi cabeza engarzada en el casco de plumas. En el brazo izquierdo mi escudo de oro labrado destellaba con los rayos del sol. En la mano derecha, la espada corta se erguía a la expectativa.

Una y otra vez el esclavo y yo llevábamos a cabo este duelo desigual. Al principio el siempre me vencía, haciendo volar mi espada con un movimiento diestro de su mano. Cada vez que esto sucedía mi padre me castigaba con su silencio y una ausencia de varios días. Esto para mí era un castigo más doloroso que si me hubiera hecho azotar por uno de los esclavos. Amaba a mi madre con un cariño ligero, sin grandes lazos de afecto. Pero a mi padre lo adoraba con una pasión amarga, que me hacía imposible vivir cuando no lo veía.

Después de unos meses de práctica continua, el esclavo ya no pudo desarmarme. Al cumplir los siete años, lo desarmaba yo a él en cuestión de segundos. Mi padre estaba orgulloso de mi adelanto, pero nunca me lo dejó ver. Sólo sabía que estaba satisfecho porque me visitaba a diario cuando no estaba ausente y siempre me traía bellos regalos. Cuidaba mucho mi alimentación y no permitía que se me diera golosina alguna. La única cosa dulce que pasaba por mis labios eran frutas y sus néctares. Mi madre me traía confituras de miel y nueces de vez en cuando, pero cuando mi padre lo descubrió fue tal su ira que pensé que iba a golpearla. Jamás vi a mi padre tan enfurecido. Rugiendo como una fiera le gritó a mi madre que ella estaba tratando de socavar todo el trabajo que el había hecho conmigo, que me estaba haciendo débil, tratándome como a una chiquilla. Los guerreros no se alimentan con dulces de miel, le gritó. A veces pasan días y semanas sin encontrar qué comer. Mi madre le contestó que yo no era un guerrero aún, que era apenas un niño de siete años. Mi padre tiró su casco contra el suelo en un gesto de desprecio y salió del cuarto seguido por sus soldados. Desde ese momento jamás volví a comer los dulces que me llevaba mi madre. Al cabo del tiempo, dejó de llevarlos.

Tal vez para anular la influencia de mi madre, mi padre contrató para mí un tutor, un ser esquelético y aborrecible que se llamaba Leonidas. Este tutor tenía a cabo la tarea de instruirme en la estrategia de la guerra. Era severo y áspero y me hostigaba sin piedad. Me hacía levantar al amanecer y marchar por horas antes de un desayuno mínimo que hasta en Esparta hubiera sido juzgado pobre. La tarde pasaba en ejercicios militares, seguidos por un pequeño almuerzo y otra marcha agotadora que culminaba con una cena, también austera. Día a día seguía en este régimen aburrido y agobiador, sin juguetes ni golosinas con los cuales aliviar la rutina. Mi padre me visitaba todos los días, obviamente satisfecho con mi progreso y para no defraudarlo, no me quejé nunca. Mi madre, que se sabía mal recibida por Leonidas y menospreciada por mi padre, sólo me visitaba de cuando en cuando. Envuelto en esta atmósfera fría y deprimente, pasó mi niñez sin caricias ni alegrías.

Con el pasar de los años, mi padre, que a pesar de sus continuas ausencias y de su creciente afición al vino y las mujeres era muy observador, comprendió que al ponerme en las manos de Leonidas había olvidado el desarrollo de mi intelecto y sólo había despertado en mí las cualidades del militar. Para remediar este error, despidió a Leonidas y contrató a otro maestro, pero antes de hacerlo, decidió asegurarse de que jamás me olvidara de que seguía siendo un soldado en gérmen. Para lograrlo, me hizo el más grande y bello regalo que jamás nadie me hiciera en toda mi vida. El regalo fue un hermoso caballo blanco llamado Bucéfalo, nombre que significa cabeza de buey. Y en efecto, la cabeza de Bucéfalo era enorme como indicación de su gran inteligencia.

Cuando los esclavos de mi padre trajeron al caballo, rebelde y magnífico, relinchando y pateando a diestra y siniestra, mi corazón se lleno de gozo. Esperé por unos momentos que me acercaran al caballo pero este no se dejaba montar ni dominar de nadie. Observando que la hermosa bestia parecía temer la sombra que proyectaba con sus saltos, salí corriendo hacia él, lo tomé sin miedo de las crines y lo volví de espaldas al sol, hablándole bajo y con dulzura. Cuando se tranquilizó un poco, le salté a la espalda y no me tiró. Al poco rato estaba corriendo de un lado a otro de la gran terraza del palacio sobre Bucéfalo, como si hubiéramos estado fundidos el uno en el otro. Yo acababa de cumplir los trece años. Durante los próximos diecisiete años Bucéfalo sería mi compañero constante en las grandes luchas de mi vida. Cuando por fin murió, viejo y cubierto de gloria, erigí sobre su tumba una gran ciudad que llamé Bucéfala.

Orgulloso de mi proeza con el caballo, al otro día mi padre me llevó a encontrarme con mi nuevo maestro, un hombre joven aún, de rostro noble y ojos serenos. Había sido discípulo de uno de los hombres más admirados de Grecia y aunque aún no era muy conocido, tenía fama por su inteligencia clara y sus grandes conocimientos de ciencia, arte y filosofía. Se llamaba Aristóteles.

Mi primera impresión de Aristóteles fue favorable y aunque cualquiera hubiera sido preferible al odioso Leonidas, mi nuevo maestro prontamente se mostró gentil y comprensivo, sin dejar de ser firme. Mi vida cambió totalmente desde el momento que llegó a mi vida y algo en él evocó en mí extraños recuerdos sumergidos de rostros de luz y voces en el viento. Pero estas memorias de Joab y Jeremías estaban demasiado profundas en mi espíritu, y toda la sabiduría de Aristóteles no me permitió recordarlos.

Aristóteles me enseñó a amar a la ciencia y a la naturaleza y a utilizar la lógica en mi raciocinio. Fue él quien me enseñó que es más importante para el rey dominar sus emociones que sus enemigos. Tal fué el interés que despertó en mí hacia la ciencia que años más tarde aún le enviaba desde mis campañas, colecciones de plantas y animales raros.

Una de las cosas que comprendió Aristóteles cuando llegué a sus manos fué que necesitaba la influencia de otros chicos de mi edad. Debido a su sugerencia, mi padre escogió entre sus nobles varios mozalbetes de mi edad aproximada y por primera vez en mi vida, tuve compañeros de juegos. Los dos más allegados a mí siempre fueron Cleitus y Hefastion, los cuales estuvieron conmigo a través de toda mi vida. Hefastion, sobre todo, fué más que mi amigo, mi confidente, mi hermano, mi otro yo. No hubiera podido vivir sin el. Fué la primera vez que conocí la amistad, el verdadero afecto, sincero y sin interés. En mi terrible y solitaria vida, esa amistad iba a servirme de solaz y de consuelo.

Uno de los grandes amores que Aristóteles despertó en mi fué el de la literatura. Mis libros favoritos eran los poemas de Píndaro, quien aún vivía en la ciudad de Tebes, y el gran poema épico de Homero conocido como la Iliada, donde relata la gran guerra entre Grecia y Troya. Este último libro influyó grandemente en mi formación intelectual y de el absorbí muchas ideas y valores griegos. Durante el resto de mi vida dormí con una copia del libro debajo de mi almohada junto a una pequeña daga.

Mi educación bajo Aristóteles terminó abruptamente a los dieciséis años cuando fui llamado a ocupar el trono de mi padre quien estaba guerreando en Bizancio al sur de Tracia. Muchos de los nobles de la corte pensaron que era una tarea demasiado fuerte para un adolescente que aún estudiaba gramática y aritmética, pero mi mente y mi espíritu habían sido acondicionados para manejar las riendas del poder y ejecuté mis deberes con gran eficacia. Antes de que se terminara el año tuve la oportunidad de ceñirme, no sólo la corona de mi padre, sino también su casco de guerra. Los Maedi, una tribu de Tracia subyugada a Macedonia, se aprovechó de que mi padre estaba ausente para rebelarse contra él. Fué mi primera oportunidad de dirigir un comando militar. Los soldados de mi padre aceptaron mi liderato sin chistar, y me siguieron hasta las colinas donde se escondían los rebeldes a quienes destruimos sin grandes problemas. Siguiendo el ejemplo de mi padre, establecí en el lugar de la batalla una sede para Macedonia creando una ciudad que llamé Alexandrópolis, la ciudad de Alejandro. Fué la primera ciudad entre muchas que llevaron mi nombre.

Mi padre se sintió tan orgulloso de mi triunfo sobre los Maedi, que inmediatamente me hizo general en su ejército. Yo había cumplido apenas dieciocho años.

Las relaciones entre mi madre y mi padre habían continuado deteriorándose. Por fin, mi padre se enamoró de la sobrina de uno de sus nobles y se divorció de mi madre para casarse con ella. Esto no era necesario ya que la ley de Macedonia le permitía casarse con todas las mujeres que quisiera. De manera que su acción fué vista por mi madre y su familia como una afrenta premeditada. Por primera vez en mi vida, me alié con mi madre contra mi padre. Para mí, ese divorcio y el matrimonio con otra mujer, no sólo era un insulto a nuestra familia sino una amenaza para mis esperanzas de heredar al trono. Ya había probado el sabor dulce de la gloria y anhelaba sentirme de nuevo con el cetro del poder en la mano. En sólo dieciocho años había olvidado del todo las advertencias de Joab y Jeremías contra la destrucción que trae el poder.

Tan pronto mi padre se casó de nuevo, mi madre abandonó el palacio y yo me marché con ella. Mi padre no intentó detenerme. Pero pronto los diplomáticos de su corte le recordaron que era absurdo hablar de la unificación de Grecia cuando él no era capaz de mantener la unificación de su propia familia. Sin gran entusiasmo, mi padre me mandó a llamar. Yo regresé pero también sin entusiasmo. Las relaciones entre mi padre y yo jamás mejoraron. Para empeorar más la situación su segunda mujer dió a luz un niño, el cual era competencia para mí como pretendiente del trono. Cuando por fin mi padre fué asesinado por uno de sus guardaespaldas, sólo sentí alivio.

Tan pronto mi padre murió, yo me declaré rey de Macedonia. El ejército, con el cual era yo muy popular, me aceptó de inmediato. Pero no así el resto de la corte. Atalus, el tío de la segunda mujer de mi padre, reclamó de inmediato el trono para mi pequeño hermano. Mi reacción fue instantánea. Sin titubear envié de inmediato a uno de mis soldados a hacerle una visita a Atalus. Fué la última vez que alguien lo vió vivo.

Mi madre, más directa que yo y más feroz, se encargó personalmente de acallar las pretensiones de mi infante hermano y las de su madre. No fuí testigo ocular del hecho pero uno de mis esclavos me contó que mi madre, después de obligar a su rival a presenciar el asesinato de su hijo, la forzó a que se ahorcara. Otro esclavo me dijo que tanto la madre como el niño habían sido cocidos en agua hirviendo. Nunca supe cuál fué la verdadera versión de la historia ya que jamás se la pregunté a mi madre.

Mi pequeño hermano no era el único aspirante al trono de mi padre. Otros también se levantaron tratando de usurpar el trono que por ley me pertenecía. Pero por fin logré establecer mi derecho al trono de Macedonia y fuí formalmente reconocido como el heredero de Filipo de Macedonia. No me importó nada que para lograrlo tuviera que hacerlo cubierto con la sangre de mis rivales. El deseo del poder se posesionó de mi espíritu como una entidad maligna y no me abandonó durante el resto de mi vida. Tenía entonces veinte años.

Después de ascender al trono, me dediqué de lleno a unificar Grecia. Para lograrlo me fué necesario anexar las grandes ciudades de Atenas, Tebes y Corinto, las cuáles siempre se habían rebelado contra mi padre. Más que la fuerza física utilicé las grandes tácticas militares que heredé de mi padre y la lógica que aprendí de Aristóteles. Tanto Atenas como Corinto fueron fáciles de vencer. No así Tebes, la cual influida por la oratoria inflamatoria de Demóstenes, el cual odiaba a Macedonia, se negó a rendirse ante mí. Más tarde la historia juzgó que la acción que tomé en ese momento fué dictada por la soberbia. En realidad jamás ninguna de mis acciones fué coloreada por la ira o la soberbia. Cada una de mis decisiones militares fué basada en la lógica y el más frío raciocinio. Decidí destruir a Tebes para darle una lección y un ejemplo al resto de Grecia. Quería que supieran que mi intención no era sólo de conquista sino de unificación y que todo el que a mí se opusiera iba a ser destruido.

De Tebes no quedó nada, con la excepción de la casa del poeta Pindaro a quien tanto admiré siempre. Seis mil tebanos fueron asesinados, entre ellos hombres, mujeres, niños, sacerdotes e inválidos. El resto fueron vendidos como esclavos. Por fin, la ciudad desolada de Tebes fué arrasada y quemada hasta que no quedó de ella sino ceniza. Tebes como ciudad griega dejó de existir.

Habiendo logrado mi intención de unificar Grecia, volví mi atención hacia Persia. Siglos antes, los persas, particularmente Jerjes, habían invadido a Grecia y robado muchos de sus tesoros y anexado muchas de sus ciudades. Filipo, mi padre, siempre había soñado invadir a Persia, regida ahora por el rey Darío III, para recuperar nuestra propiedad y vengarse de la insolencia persa. Su temprana muerte le impidió hacer realidad sus sueños. Era ahora mi oportunidad de alcanzar esa meta y cubrirme de gloria.

El ejército que me acompañó en esta ambiciosa empresa se componía de 30,000 soldados de infantería y 5,000 de caballería. Era una fuerza minúscula para conquistar al imperio persa, pero yo sabía que muchas de las ciudades griegas anexadas por Persia iban a reconocerme como liberador y se iban a unir a mí, aumentando mis filas. Sabía además que la falange macedonia era la más poderosa maquinaria militar que el mundo jamás había visto. Disciplinado, dedicado y valiente, mi ejército jamás había perdido una batalla. La falange, creada por mi padre, estaba formada de líneas de soldados tocándose hombro con hombro, formando una pared sólida de escudos y espadas y las enormes lanzas macedonias. Era prácticamente invencible. Aún así, sabía que el triunfo no sería fácil pero estaba determinado a lograrlo.

Antes de salir de Grecia visité el oráculo de Delfos para preguntarle a la pitonisa si mi campaña contra los persas iba ser victoriosa. La pitonisa, alegando que el día no era propicio para consultar al oráculo, se negó a hablar. Rápidamente la agarré por el cabello y poniéndole mi daga al cuello, le insistí que leyera el oráculo. Temblando la pitonisa me dijo, "Hijo mío, ¿para qué preguntas? Bien sabes que eres invencible."

Las palabras de la pitonisa me acompañaron durante mi larga campana contra Persia y mi lucha contra Darío. En realidad tenía razón porque nunca dudé que iba a vencer durante mis batallas. Era como si estuviera obsesionado por la victoria y llevara dentro de mí un fuego devorador que me impulsara hacia la conquista.

Para llegar a Persia tuve que cruzar el Helesponto que unía al este con el oeste. Mi pequeña flota causó gran escarnio entre la enorme marina fenicia que nos vió desde lejos cruzar las aguas. Tan insignificantes les parecimos que no se molestaron en perseguirnos, seguros de que Darío y su gran armada de más de un millón de hombres nos harían añicos. Nunca sospecharon que en poco tiempo no sólo los persas sino también ellos mismos, los fenicios, iban a estar bajo el peso de mi sandalia.

Mi primera acción al poner pie en tierra fue visitar a Ilión, la antigua ciudad de Troya, donde la gran Guerra de los diez años había tenido lugar. Aún conservaba bajo mi almohada el épico poema de Homero relatando las proezas de Aquiles, el gran héroe hasta quien yo trazaba mi estirpe. Una visita a este sacrosanto lugar era para mí la equivalencia de un peregrinaje religioso.

Junto a mi entrañable amigo Hefestion me arrodillé frente a las tumbas de Aquiles y su amigo Patroclo para rendir homenaje a su memoria. Luego deposité mi armadura de oro a los pies del altar de Atenea, la diosa patrona de Troya, substituyéndolo por un escudo que había sido usado en la legendaria guerra.

Mi primera batalla contra los persas tuvo lugar a orillas del río Granicus. Desdeñando mi ataque, Darío mandó a Memnon, uno de sus generales a enfrentarme. Memnon, que era griego, sabía a lo que se iba a enfrentar y le sugirió a Darío que arrasara las cosechas y las ciudades que me rodeaban para que tanto mis tropas como yo muriéramos de hambre. Pero Darío se negó. Ese fué el primero de sus muchos errores.

Tan pronto llegamos a la ribera del río, me tiré a la lucha. Frente a mi caballería, con mi armadura destelleando con los rayos del sol y los dos blancos plumachos de mi casco de guerra visible por una milla, dirigí el ataque. Detrás de la caballería, mi infantería, al mando de mi general Parmenio, se movía con lenta pero feroz determinación a través de las turbulentas aguas del río.

Tan pronto cruzamos el río, empezó el combate cuerpo a cuerpo. Al intentar usar mi lanza, esta se rompió por el mango debido a la fuerza de mi ímpetu. Rápidamente la substituí por otra y me abalancé sobre el comandante de la caballería persa, que era Mitradates, nuero de Diario. Aprovechando el incidente de mi lanza rota, Mitradates tuvo tiempo de lanzarme su jabalina, la cual no sólo atravesó mi armadura, sino también el escudo que había traído de Troya. Sólo el hecho de que la jabalina era liviana y mi armadura gruesa, me salvó la vida.

Enfurecido al ver destruido mi preciado escudo, me lancé sobre Mitradates haciendo que mi caballo Bucéfalo saltara sobre los muertos que alfombraban la campiña.

Con un terrible golpe de mi lanza derrumbé a Mitradates de su caballo, y una vez en el suelo le enterré mi espada en el corazón.

Uno de los generales persas, viendo caer al nuero del rey Darío, me lanzó un golpe de sable el cual hendió mi casco en dos y me abrió el cráneo hasta el hueso. Bañado en la lluvia roja de mi propia sangre me volteé rápidamente y le di tal golpe a mi asaltante que lo maté al instante. Viendo que me tambaleaba, el hermano de Mitradates galopó rápidamente hacia mí sable en alto, para acabarme. Pero mi amigo de la infancia Cleito, que junto a Hefastion jamás dejaba mi lado, enarboló su espada y le cortó de un tajo el brazo a mi atacante. Unos minutos más tarde caía yo sin sentido de mi caballo.

La batalla continuó enardecida mientras yo yacía desmayado en la tierra ensangrentada. Cleito y Hefastion protegieron mi cuerpo mientras mi médico de campaña estancaba la sangre que fluía como una fuente escarlata de mi cabeza. Tan pronto recobré el conocimiento, monté de un salto en Bucéfalo y de nuevo regresé a la batalla con renovado furor.

Cuando Memnon vió que su causa estaba perdida, hizo una retirada y me mandó un emisario pidiendo paz. Pero yo estaba sediento de sangre y del deseo de triunfo y no tenía inclinación alguna a dar cuartel. En pocas horas mis soldados hicieron pedazos a nuestros enemigos. Mi principal antagonismo era en contra de los mercenarios griegos, traidores a la causa de la unificación de Grecia. Miles fueron muertos y sólo cerca de dos mil sobrevivieron para ser enviados como esclavos a las minas de Macedonia. Mis pérdidas sólo fueron de 150 hombres. Yo siempre cuidé mucho las vidas de mis soldados. Pero recordando ecos leves de enseñanzas ya olvidadas, mandé a enterrar a los soldados persas caídos con todos los honores de guerra. De esta manera, de acuerdo a la leyenda, les aseguré una entrada pacífica en el otro mundo. Mi acción fue considerada extremadamente generosa tanto por mis soldados como por los mismos persas.

Las noticias de esta primera victoria corrieron como el fuego a través de todas las ciudades griegas ocupadas por los persas a lo largo de la costa de Asia Menor. Una por una todas se rindieron a mi paso, abriendo sus puertas al "liberador."

En la primavera del año siguiente llegué hasta Gordio donde mis soldados repararon sus fuerzas y mis ejércitos se solidificaron. Una de las famosas leyendas de esta región era el nudo gordiano que amarraba el yugo de una vieja carreta. Tan intrincado era este nudo que nunca había podido ser abierto. La leyenda decía que aquel que soltara el nudo sería el emperador de toda Asia. Cientos de hombres habían tratado sin suerte alguna.

Naturalmente que tan pronto escuché la leyenda del nudo tomé la decisión de soltarlo. Era precisamente este tipo de leyenda la cual inflamaba la imaginación de la gente, haciendo más fácil su conquista.

Cuando me encontré frente al nudo gordiano comprendí la enormidad de la tarea a la cual me enfrentaba. El nudo estaba compuesto de cientos de vueltas, cada una de las cuales doblaba su circumferencia, la cual era de un espesor similar al torso de mi caballo Bucéfalo. La soga que componía al nudo era del grueso de mi tobillo. Por unos minutos contemplé el fenomenal nudo en silencio. Sabía que era imposible tratar de soltarlo con los dedos ya que además de su espesor, el paso de los años había endurecido la soga, haciéndola áspera e intractable.

Cuando se corrió la noticia de que yo iba a tratar de soltar el nudo gordiano, no sólo mis soldados sino muchos de los habitantes de la ciudad de Gordio se arremolinaron a mi alrededor. Entre los susurros que se cruzaban entre sí escuchaba de vez en cuando una risotada burlona. Todos esperaban ver al gran Alejandro, conquistador de tantos ejércitos, ser vencido por un simple nudo. Al final, cansado de buscar el comienzo del nudo, exclamé en voz alta, "Qué diferencia hace cómo lo suelte?" Y enseguida saqué la espada del cinto y corté el nudo de un solo tajo. No había aún terminado de cortar el nudo cuando el firmamento se estremeció con truenos y relámpagos. Un gran grito victorioso salió al unísono de las gargantas de mis soldados. Desde ese momento quedaron todos convencidos que yo era un enviado divino.

Pero la adoración de mi ejército y el romper el nudo gordiano no era la gloria que yo había ido a buscar a Persia. Era necesario apoderarme del trono persa y para hacerlo tenía que enfrentarme con Darío.

Este primer enfrentamiento tuvo lugar en otoño de ese mismo año durante la batalla de Issus. Cuando esta empezó los dos ejércitos estaban en igualdad de fuerzas, pero mi ferocidad y determinación avasallaron al rey persa y sus generales. No pasó mucho tiempo hasta que sus filas quedaron abiertas, su caballería destruida y sus soldados muertos o prisioneros. Saltando de nuevo sobre los cadáveres de los persas, atravesé el campo de batalla a lomos de Bucéfalo, en linea directa al carruaje donde estaba Darío. Pero éste, que al verme venir hacia el con centellas en los ojos, leyó en ellos su muerte segura, saltó del carruaje real a otro más liviano escapándoseme de entre las manos. Lo perseguí por varias millas, pero se me perdió entre la bruma.

La huida de Darío terminó de desmoralizar a sus tropas las cuales se me rindieron de inmediato. Junto a mis amigos Cleito y Hefestión recogí el manto y el escudo que Darío había abandonado en el carruaje y me dirigí a la tienda real donde me esperaba la familia del rey persa.

Al verme entrar con el manto y el escudo de Darío en las manos, la madre y la esposa del rey creyeron que éste había muerto. Gritando con voces lastimeras se arrodillaron a mis pies, pidiendo compasión para ellas y las tres hijas de Darío. Pero yo siempre fuí galante con las mujeres y jamás permití a mis soldados violar o despojar a las mujeres de los países conquistados. Con gran suavidad levanté a las dos mujeres y les aseguré que no tenía la menor intención de hacerles daño y que siempre serían tratadas como miembros de la familia real persa. Y a pesar de que como conquistador era mi derecho apoderarme de la esposa de Darío, jamás le puse un dedo encima. Su madre, Sisygambis, llegó a ser tan fiel amiga mía, que dice Jeremías que a mi muerte volvió el rostro hacia la pared dejando de hablar y comer hasta morir.

Pero Darío seguía libre y mientras no lo encontrara no podía reclamar ni su trono ni su corona. Sabiendo la inmensidad del terreno dominado por Darío y su gran tesoro decidí continuar persiguiéndolo. Pero antes tenía que asegurarme de que mi propio reino en Macedonia estaba libre de peligro. Para lograrlo me lancé a la conquista de Tiro, la gran ciudad fortalecida de los fenicios que era el principal centro de comercio del Mediterráneo. Una vez que tuviera a Tiro en el puño, me dijo mi lógica aristotélica, tendría el control total de toda la costa este del Mediterráneo y así podría protegerme de todo ataque contra Macedonia.

Comencé mi primer asalto contra Tiro usando la diplomacia. Envíe al comandante de la ciudad varios embajadores de paz pidiéndoles que se unieran a mí y evitaran el derramamiento de sangre. Pero los tirianos, que estaban seguros de que los muros de su ciudad eran impregnables, contestaron mi petición asesinando a mis embajadores y tirándolos desde los muros de la gran fortaleza.

De inmediato comprendí el mensaje y me preparé para la lucha. Pero para poder derrumbar las grandes murallas de Tiro necesitaba usar catapultas además de los arietes con los que se embisten las paredes. Como los muros de Tiro tenían su base en la profundidad de las aguas, tenía que atacar desde el mar y esto me impedía el uso de las catapultas que requieren ser manejadas desde tierra firme.

Este aparente obstáculo no aminoró en nada mi determinación de conquistar a Tiro. Ya que tierra firme era necesaria para usar las catapultas, crearía tierra firme. Sin pensarlo dos veces reuní a mis generales y les informé mi decisión. Ibamos a construir una vía a través de las aguas y desde esa carretera improvisada íbamos a atacar a Tiro.

Mi plan audaz e innovativo fué puesto en efecto de immediato. La construcción de este conducto duró más de seis meses y durante este tiempo mis tropas fueron constantemente asediadas por los fenicios que sabían la razón por la cual la vía estaba siendo erigida. Pero nada logró detenerme.

El mismo día que se terminó el conducto levantamos las catapultas, y con la ayuda de los arietes, en poco tiempo derrumbamos las paredes de la orgullosa reina del Mediterráneo. Lo que no había logrado Nebucadonosor, rey de Babilonia, lo logró mi tenacidad e inteligencia. Ya tenía a la costa este del Mediterráneo en mi puño. Había logrado realizar el sueño de mi padre.

Cuando Darío, desde su escondite, se enteró de este nuevo triunfo, me escribió pidiendo paz y ofreciéndome a cambio el lado oeste de su imperio, diez mil talentos de oro, y la mano de una de sus hijas en matrimonio. Jeremías me dijo más tarde que si hubiera aceptado la proposición de Darío, la civilización y la cultura helénica no hubieran salido de Persia. Pero la misiva de Darío sólo me causó risa y la rechacé altanero, continuando mi misión de expandir el arte, la filosofía y toda la gran cultura griega a través de todo el mundo antiguo. De ahí pasarían a Roma y de ella al resto del mundo.

De Tiro pasé a Egipto, el que conquisté sin grandes esfuerzos. Los egipcios me acogieron con los brazos abiertos y no sólo me coronaron faraón sino que me declararon dios viviente. Esto no me extrañó en lo absoluto. Mi madre siempre me había dicho que había sido uno de los dioses de Olimpo y no Filipo quien me había engendrado. Me porté con gran largueza con los egipcios, fortifiqué sus ciudades, descubrí porqué el río Nilo se desbordaba todos los años y les permití adorar a sus antiguos dioses. Hice aun más. Declaré que el dios Ammon, la deidad principal de los egipcios, era idéntico a Zeus, el dios supremo de los griegos. Si existe un creador, y de eso no hay duda—les aseguré—debe haberse creado a sí mismo. Sólo puede haber un solo dios, pero tiene muchos nombres. Esta declaración me ganó para siempre el amor y veneración de los egipcios.

Pero lo más importante que hice en Egipto fué construir la ciudad de Alejandría, que al llevar mi nombre necesitaba ser la más bella y rica del mundo. Esta fué sólo una de las setenta ciudades que llevaron mi nombre pero es la única que aún existe en Terra. Fué la primera ciudad totalmente moderna, construida en un patrón de avenidas anchas cruzadas por calles más estrechas. Alejandría reemplazó a Tiro como el centro comercial más importante de la región, convirtiéndose rápidamente en la primera ciudad internacional. Tanto griegos como persas, indios, judíos y africanos llegaron a su puerto.

Darío volvió a escribirme pidiéndome de nuevo paz y elevando su chantaje a veinte mil talentos de oro. De nuevo me negué retándolo a nueva batalla. Esta tuvo lugar en Gaugamela donde volví a vencer a Darío, quien de nuevo huyó al saberse derrotado.

Mi próxima campaña fué contra Babilonia la cual también se me entregó rápidamente. Junto a Cleito y Hefestión y el resto de mis tropas pasé un mes descansando en esta bella ciudad de los jardines colgantes de Nebucodonosor. Después de Babilonia, conquisté las ciudades de Susa y Persépolis, capital del imperio persa. Entre Susa y Persépolis amasé un tesoro de más de ciento setenta mil talentos de oro, una fortuna fabulosa que en tiempos modernos hubiera sido traducida a billones.

Persépolis era para los persas lo que Meca era para los árabes y Jerusalén para los judíos. Era la ciudad sagrada del imperio de Darío. Y para dejarles saber a los persas y a su fugitivo rey que su imperio ya no existía, ordené a mis soldados arrasar a la ciudad y saquearla. Luego quemé el palacio real, mandando a construir el mío propio. No iba yo a cobijarme jamás bajo el techo de mi enemigo.

Darío continuó eludiéndome y determinado al fin a encontrarlo o a perecer en el atentado, lo perseguí hasta dar con él en la pequeña ciudad de Ecbatana en las montañas Curdas, que era el último bastión del acechado rey persa. Pero Darío me evadió hasta el final porque antes de que llegara a él, uno de sus generales, llamado Bessus, lo asesinó. Cuando me encontré frente a su cadáver lo cubrí con mi manto y se lo envié a su madre Sisygambis para que lo enterrara.

Bessus tuvo la gran osadía de coronarse como Artajerjes IV, rey de Persia, lo que me hubiera parecido gracioso sino hubiera estado de prisa. Tuve que aplazar mi próxima campaña para perseguir al pretendiente a mi trono y cuando lo encontré, hice que le cortaran la nariz y las orejas y lo envíe acusado de traición a Ecbatana. Allí los persas y los medas lo encontraron culpable y lo condenaron a ser descuartizado en vida.

Después de la muerte de Darío decidí invadir Irán, que también conquisté fácilmente. Poco tiempo después de esto me casé con una joven bactria llamada Rosana. No la amaba, pero necesitaba un heredero al trono y estaba convencido de que un matrimonio con una mujer persa iba a ayudarme a consolidar la aceptación de los persas.

Mi matrimonio con Rosana no fué bien recibido ni por mis amigos, ni por mis tropas, los cuales pensaban que me estaba dejando influir en exceso por la cultura oriental, olvidando mis raíces griegas. Poco a poco me aíslé de mis amigos y de mis soldados. Empecé a dudar y a sospechar de todos los que me rodeaban. Estaba seguro de que alguien tramaba mi muerte.

Mis sospechas y temores crecían de día en día. Estos se concentraron por fin en el hijo de mi general más viejo y más fiel, Parmenio. Para sofocar esta supuesta trama mandé a asesinar a este joven. Pero no conforme con matar al hijo, decidí ultimar también al padre, temiendo sus represalias. Parmenio tenía ya más de setenta años y era el más popular de mis generales. Mis soldados jamás me perdonaron su muerte.

Después de este asesinato imperdonable, mi carácter continuó en descenso. Yo, que siempre había sido abstemio, comencé a beber hasta emborracharme. Me sentía solo y perdido. Hasta mi caballo Bucéfalo, a quien tanto había amado, me había abandonado al morir. Durante una fiesta con los pocos amigos que aun me quedaban, Cleito, mi compañero de la infancia, el que me había salvado la vida en la batalla de Granicus, se atrevió a criticarme. Enceguecido por la ira y por el vino, saqué mi espada y lo atravesé de un lado a otro. Cleito cayó al suelo como fulminado, muriendo en el acto.

El asesinato de este amigo entrañable me llenó de tal remordimiento que estuve en cama por tres días sin tomar alimento alguno. Al fin mis médicos me convencieron de que había actuado sin culpa, afectado por una locura divina. Esto me ayudó a recuperarme y a olvidar mi pena. Pero no mejoró mi carácter que continuó empeorando hasta convertirme en un déspota y un tirano. En Grecia se comentaba que estaba loco y hasta mi antiguo maestro, Aristóteles, hablaba mal de mí.

Mi próxima y última campaña me llevó a la India donde conocí a los hombres sagrados llamados gurus, uno de los cuales me acompañó durante el resto de mi vida. En la India mis tropas por fin se rebelaron, negándose a continuar acompañándome. Sabían que yo no tenía intención de parar mis campañas hasta conquistar el mundo entero y estaban cansados. Deseaban regresar a Grecia a descansar. Por dos días estuve encerrado en mi tienda de campaña, huraño y amargado. Por fin salí y les informé que accedía a su petición haciendo de ésa la última de mis conquistas. Las tropas me aplaudieron enajenados de alegría y al otro día regresamos a Persia.

Una vez en la ciudad de Susa, le regalé grandes caudales a los soldados que me habían acompañado en todas mis campañas y me dediqué a unir las culturas de este y oeste, buscando las formas de expandir las rutas comerciales de mi imperio. Una de las últimas cosas que ordené fué una ceremonia de matrimonio gigante donde más de ochenta de mis oficiales se casaron con mujeres persas. A pesar de estar casado con Rosana, decidí tomar como segunda esposa a una de las hijas de Darío. Pero ya estaba cansado, exhausto, mi cuerpo acribillado por el dolor de viejas heridas.

Fue durante este tiempo que el destino me asestó el más grande dolor de mi vida. Mi bien amado amigo Hefastion murió víctima de una enfermedad súbita. Su muerte destruyó la poca salud que me quedaba. Durante tres días estuve encerrado con su cadáver, negándome a abandonarlo. Cuando por fin salí de mi encierro, ordené matar al médico de cabecera, acusándolo de incompetencia. Hefastion tuvo el funeral más grande de la historia antigua pero yo jamás me recuperé de su pérdida.

A los pocos meses de haber muerto Hefastion, enfermé con una fiebre devoradora. Algunos médicos la diagnosticaron como malaria, pero nadie estaba seguro de si era esta en realidad la enfermedad que me agobiaba. Las voces también se corrieron de que me habían envenenado, pero no fue así. Lo que me mató fue el remordimiento de haber matado a Parmenión y a Cleito y haber perdido a Bucéfalo y a Hefastion. Estos fueron los únicos amigos que conocí en mi vida, el único afecto que iluminó mi espíritu. Ni mi madre ni mi padre ni mis dos mujeres lograron llegar a mi alma ni a conocerme. El único hijo que tuve era aún muy joven para expresarme amor.

Un día trece de junio a las seis de la tarde, mi espíritu atribulado abandonó la materia y se remontó al espacio. La leyenda luego dijo que un gran relámpago surgió del mar y se elevó al firmamento, llevando en el centro un águila y una estrella. Cuando la estrella se perdió en el infinito cerré los ojos para siempre. Había vivido sólo treinta y tres años en el planeta.

Durante mi existencia fuí emperador y dueño del mundo y para algunos, un dios. Pero nunca conocí la felicidad y nadie lloró mi muerte.

Mi imperio fue dividido por mis generales. Mi primera mujer, Rosana, asesinó a la segunda, hija de Darío. Más tarde uno de sus enemigos la asesinó a ella, a nuestro pequeño hijo y a mi madre, Olimpias. No quedó nadie con mi sangre y mi estirpe en el planeta. Fué como si el Creador hubiera querido asegurarse de que mi semilla se extinguiera del todo con mi muerte.

¡Cuánta razón tuvieron Joab y Jeremías al anunciarme una vida llena de sufrimiento en Terra! Y sin embargo, no me arrepiento haberla vivido. Si cometí muchos errores, la culpa fué de mi materia y de la debilidad de mi espíritu. Mi intención fue noble y a pesar de que fallé en muchas cosas, tambien cumplí una gran parte de la misión que me fué encomendada. Le di al mundo la idea de unificación, un concepto nuevo y revolucionario, y extendí las fronteras de la civilización desde Grecia hasta la India. Iluminé al mundo con la lógica de Aristóteles y lo enriquecí con la literatura, el arte y la ciencia helénica. Esto hizo que la historia humana me llamara Alejandro el Grande, pero no terminó mi peregrinaje. Aún me faltaban muchos siglos para encontrarme de nuevo con Verdigris.

Capítulo 6

❧ ❧

Purificación

La experiencia de la muerte como un ser humano fué para mí completamente distinta de lo que hasta entonces había sentido. La personalidad de Alejandro, fuerte e indomable, se había agarrado a la vida como un tigre a su presa. En el momento de la muerte, abrasado como estaba en fiebre, no tenía conciencia de lo que estaba sucediendo a mi alrededor. Sólo sabía que la vida, amarga y dulce a la vez, se me escapaba lentamente como agua que se evapora bajo los rayos del sol. Traté de abrazarme a ella desesperado. A pesar de lo que había sufrido, quería seguir viviendo. Todavía habían mundos que conquistar, batallas que ganar. Pero la respiración me faltaba, mi corazón se abatía afligido, débil, cansado ya de latir.

De pronto sentí un tirón leve y de inmediato me encontré un poco fuera de mí, como si de alguna forma estuviera desconectado de mi cuerpo sin haberme separado de él del todo. No estaba respirando, pero no sé cómo no me hacía falta respirar. Mi cuerpo se sentía liviano y cómodo y un delicioso sopor invadió mis sentidos. Mi fiebre había desaparecido al igual que todos los dolores e incomodidades que habían atormentado mi materia por tanto tiempo. En esos momentos, ya no me importaba quién era, ni lo que iba a suceder. Estaba perfectamente feliz y satisfecho.

Lentamente, sin que mi volición tuviera control alguno sobre mis movimientos, comencé a flotar hacia el techo de la habitación. Mirando hacia abajo, pude observar a mi médico de cabecera junto a varios de mis oficiales, contemplar mi cuerpo inerte que estaba tendido sobre el lecho. Podía escucharlos hablando entre sí, pero su conversación no me interesaba. Tampoco me parecía extraño ver mi cuerpo en la cama mientras yo flotaba tranquilamente bajo el techo. Era como si hubiera estado mirando una escena completamente ajena a mí.

De repente sentí un jalón súbito hacia una de las esquinas del techo y un sonido vibrante como de cascabeles que sonaba dentro de mí. Envuelto en una vorágine de oscuridad impenetrable fui absorbido por el cosmos y ya no supe más de mí.

Cuando recobré el sentido estaba de nuevo en el vestíbulo de las almas y junto a mí estaban Joab y Jeremías. Todas mis antiguas existencias pasaron rápidamente frente a mí como si las estuviera viviendo a todas de nuevo. Comprendí en esos momentos que ya no era Alejandro, sino un espíritu libre ya de ataduras materiales. Más fuerte que nunca llegó hasta mí el recuerdo de Verdigris y la necesidad imperiosa de estar de nuevo unido a su esencia.

"Aún no," el mensaje de Joab llegó a mí sutil pero inconfundible.

"¿Cuándo?" pregunté angustiado. "¿Cuánto tiempo más he de esperar hasta encontrarme con Verdigris?"

"Depende de tí," fué la contestación que recibí de ambos. "Has perdido mucho tiempo porque contínuamente ignoras las instrucciones que recibes antes de cada existencia."

"Pero yo no ignoro las instrucciones," contesté asombrado.

"¿Por qué entonces te dejaste influir tan profundamente por la vanidad y el egoismo durante tu existencia como Alejandro? ¿Acaso no te advertimos que no te dejaras caer en sus garras?" me dijo Jeremías con severidad.

"Pero ustedes mismos me dijeron que según la influencia de Terra me envolviera iba a olvidar poco a poco las enseñanzas recibidas de ustedes," me defendí.

"No, eso no fue lo que te dijimos," dijo Joab. "Lo que te dijimos fué que ibas a perder contacto con nosotros y no ibas a poder percibir nuestra influencia directamente, porque la influencia terrestre iba a apoderarse por completo de tus sentidos. Las enseñanzas recibidas jamás se olvidan ni se borran. Lo que sucede es que la materia en Terra muchas veces domina al espíritu y debilita su capacidad para rechazar las influencias negativas. Tú no olvidaste las enseñanzas, simplemente las ignoraste porque los halagos y la gloria que te rodeaban eran demasiado gratos a tus toscos sentidos humanos. Era para tí mucho más agradable dejarte llevar por la vanidad y el egoismo que poner en jaque tu orgullo naciente y controlar tu naturaleza animal."

El recuerdo de mi existencia como Alejandro regresó a mí de nuevo anegando mi espíritu con toda la avasalladora brutalidad de mis actos. Recordé horrorizado mi persecucion de Darío, mi rechazo a la paz que me ofreció tantas veces y su muerte humillante en las manos de un traidor. Como una catarata caudalosa continuaron los recuerdos sangrientos asfixiándome en su miasma pestilente. De todos ellos, las muertes de Parmenión y de Cleito fueron los más dolorosos. Comprendí entonces que Joab y Jeremías tenían razón. A través de toda mi vida como Alejandro yo siempre tuve conciencia clara de mis hechos y supe cuándo mis acciones eran guiadas por la necesidad, y cuándo eran inspiradas por el egoismo. Las enseñanzas de mis guías no habían sido olvidadas, habían sido asimiladas por mi espíritu que había aprendido de esta manera la diferencia entre el bien y la maldad, el egoismo y la generosidad, el perdón y la venganza. Fue mi decision conciente, no mi ignorancia de la ley divina, la que actuó cada vez en mi existencia como Alejandro de Macedonia. Apesadumbrado, mi espiritu agobiado bajo el peso de mi gran culpa, bajé la frente ante mis dos guías.

"Perdón," supliqué adolorido. "Tenéis razón ambos. Ahora comprendo que no olvidé la enseñanza. Simplemente la ignoré. Estoy dispuesto a recibir el castigo merecido."

"¿Castigo? ¿Por qué continúas pensando en el castigo?" preguntó Jeremías con tristeza. "El Creador no castiga a sus criaturas. Ellas se castigan a sí mismas. Cada espíritu pasa por cierta cantidad de existencias a través de las cuales aprende diversas lecciones y se va purificando y va adelantando en su evolucion. Algunos espíritus adelantan más rapidamente que otros. Pero eventualmente todos llegan a la luz. Cuando un espíritu cae en el error de identificarse del todo con la materia rompiendo las leyes cósmicas, tiene que purificarse en el dolor a través de muchas existencias."

"Cuantas existencias tengo que vivir aún en el dolor para purificarme de mis terribles acciones como Alejandro?"

La luz que irradiaba de las formas translúcidas de mis guías parpadeó levemente. Simultáneamente, de ambos, me llegó la contestacion a mi pregunta.

"Si es cierto que como Alejandro el Grande cometiste muchos crímenes también es cierto que también hiciste mucho bien y que tu influencia llevó la unificación al mundo en el cual viviste. Tu visión y tu generosidad hizo posible un intercambio de pensamientos y de culturas entre sociedades de gran diversidad. Tu contribución a la evolución de otras generaciones fué immensa. Esto también tiene que ser tomado en consideración."

"¿Pero no tengo que pagar por todas las vidas que destruí, por Parmenión y Cleito y Darío?"

"Las vidas que destruiste en batalla fueron el resultado de una lucha entre antagonistas con la intención de destruirse mutuamente. Es la forma en la cual las especies inferiores se cancelan unas a las otras escogiendo a la más fuerte como sobreviviente. Si no hubieras destruido a tus contrincantes te hubieran destruido ellos a tí. Tanto ellos como tú entraron a la lucha sabiendo esto. De manera que estas muertes te daban de antemano la acceptación y la exhoneración de tus victimas ya que éstas sabían el riesgo que tomaban al enfrentarte en la batalla. Darío cae en este grupo. Parmenión y Cleito fueron víctimas de tu egoismo y tu arrogancia. Esta falta tiene que ser purificada. Toda la desolación que dejaste a tu paso sin necesidad, tu orgullo desmedido y tu vanidad, también tienen que ser eradicados de tu espíritu y esto sólo puede ser logrado si tú lo deseas."

Las palabras de mis guías me llenaron de un gran regocijo en medio de mi abatimiento. Fué como si hubiera visto abrirse delante de mí las puertas de la esperanza para la expiación de mis culpas.

"Yo sí lo deseo," exclamó mi espíritu exaltado. "Estoy dispuesto a todo para purificar mis faltas."

"Sabrás que tienes que encontrarte de nuevo con los espíritus de Parmenión y Cleito a quienes tienes que pagarles los crímenes que contra ellos cometiste. Bajo sus manos tendrás que sufrir tres veces más que lo que ellos sufrieron. Estas aún dispuesto?" me preguntó Joab.

"Si," contesté de immediato, impaciente por empezar mi nueva aventura. "Y lo antes posible."

"Sea pues según lo deseas," dijo Jeremías gravemente. "Terra ha sido escogida para el resto de tus existencias. Es donde más difícil se le hace al espíritu luchar contra la materia. Por eso toda existencia en Terra es una gran prueba para el espíritu. Si puedes vencer a la naturaleza animal de tu cuerpo terrestre adelantarás grandemente en tu evolución y podrás encontrarte mas rápidamente con Verdigris."

Estas palabras hicieron más fuerte aún mi deseo de encarnar rápidamente, pero un pensamiento súbito llenó de dudas mi espíritu.

"¿Cómo lograr que las enseñanzas que he recibido hasta ahora no sean rechazadas por esta nueva materia?"

"Funcionando a través del espíritu y no del cuerpo," me contestó Joab. "No permitiendo jamás que el cuerpo domine al espíritu."

"¿Y cómo puedo evitar esto?"

"Sacrificando por los demás, dándole a otros lo que más deseas para tí," interpuso Jeremías con una sonrisa luminosa. "Sólo dando de tí podrás dominar al egoismo.

Descansa ahora," añadió con ternura. "Cuando despiertes, estarás de nuevo en Terra."

Suspendido en la luz que atravesaba el vestíbulo de las almas como una nube deslumbrante, me hundí lentamente en el sueño reparador en el cual el espíritu recobra energías antes de entrar en una nueva encarnación. A mi alrededor, las figuras tenues de otras almas flotando en hileras que se extendían hasta el infinito, también depuraban la efímera dicha del descanso espiritual.

Capítulo 7

❧ ❧

Perdón y Sacrificio

Durante los primeros años de mis segunda existencia en Terra, Joab y Jeremías me acompañaron continuamente. Aún cuando comencé a hablar y a caminar, sus sabios consejos continuaron siguiendo mis pasos. Pero llegó un día cuando sus voces bien amadas fueron apagadas por los ecos de las voces materiales y ya no las escuché más.

Mis sufrimientos en esta nueva vida comenzaron cuando apenas tenía uso de razón. Esta vez había nacido en una ciudad muy bella llamada Kalinga, acuñada en la no menos bella bahía de Bengala en uno de los países más poderosos y hermosos de Terra, la mágica y misteriosa India. En la época de mi nacimiento India aún estaba dividida en un sistema feudal de castas. Y para expiar mi orgullo durante mi existencia anterior, fué mi triste destino nacer dentro de la casta más despreciada, la quinta casta conocida como la de los parias, los intocables.

Mis padres y yo vivíamos en una casucha miserable donde sólo había dos cuartos pequeñísimos. El del frente servía de cocina, comedor y sala de estar y el de adentro de dormitorio. El piso era de tierra y mi pobre madre cocinaba el poco arroz y vianda que mi padre conseguía con los míseros trabajos que hacía de vez en cuando para uno de los campesinos de los alrededores. Este hombre, a pesar de pertenecer a la casta de los sudras, la cuarta en escala de descendencia y casi tan despreciada como la nuestra, se gozaba en atormentar y humillar a mi padre haciéndolo llevar a cabo los más bajos oficios, como limpiar las letrinas y encargarse de los desagües de las alcantarillas. Aún así, lo que le pagaba era tan mísero que apenas nos daba para comer.

Poco después de haber cumplido mi primer año de edad nació mi hermana Ayida, seguida al año siguiente por Narda y dos años más tarde por Dakmar. Si habíamos pasado hambre nosotros tres solos, el nacimiento de mis hermanas empeoró la situación hasta hacerla desesperante. Cuando nacieron mis hermanos, Parsis, Gupta y Kanishka, fué necesario que yo saliera a pedir limosna por las calles para ayudar a mi padre a sostener la familia. Tenía apenas nueve años cuando comencé a mendigar, pero debido a la mala nutrición aparentaba ser mucho menor. Sólo cubrían mis huesos, mi piel mugrienta y adolorida que los andrajos, que eran toda mi ropa, apenas alcanzaban a cubrir. De vez en cuando las matronas de la ciudad se compadecían de mi corta edad y de lo endeble de mi apariencia y me tiraban de lejos unas cuantas monedas o un poco de comida. Pero esto siempre y cuando no me les acercara, porque en mi condición de intocable el sólo roce de mis dedos las corrompía, o por lo menos eso creían.

La largueza de estas señoras era infrecuente y la mayor parte de las veces en vez de limosnas lo que recibía era escupidas, pedradas y malas palabras, ya que ninguna de las otras castas querían ver a un paria por sus alrededores. Casi todos los días llegaba a la miserable choza que compartía con mi familia cubierto de magullones y de saliva. Mi pobre madre lloraba a lágrima viva viendo mi estado, pero sabía que al otro día tendría que verme partir a la calle de nuevo a buscar otra tanda de abusos, con la esperanza de que entre golpes encontrara a alguien que se compadeciera de mí.

El exceso de trabajo y el hambre continua terminó enfermando a mi padre, el cual murió de tuberculosis cuando yo apenas había cumplido doce años. Mi madre, también en las garras de la misma tenebrosa enfermedad, se agarraba con tenaz desesperación a su miserable vida, aterrada de abandonar a mis pequeños hermanos, el menor de los cuales apenas tenía dos años.

Sabiendo que yo era el único sostén de mi familia agudizó mi instinto de preservación y mi inteligencia natural y siempre me las ingeniaba para llevar comida a casa. Al cabo de un tiempo aprendí una estupenda triquiñuela de uno de los mendigos de mi misma casta. Se trataba de ir a los puestos de comestibles que abundaban por toda la ciudad y manosear las frutas y comidas que estaban al aire libre. Los dueños de los puestos, asqueados de que un paria hubiera tocado sus víveres, los tiraban de inmediato a la calle de donde yo los recogía y los metía al zurrón que colgaba a mi costado. Pero esta treta se hizo tan popular que pronto otros intocables empezaron a usarla también, haciendo que los mercaderes guardaran los comestibles dentro de las tiendas. De nuevo volví a pasar grandes trabajos para conseguir comida y el hambre regresó a acechar a mi familia.

Un día que estaba deambulando por la ciudad me fuí alejando poco a poco del sitio donde habitualmente mendigaba hasta acercarme al palacio real, que hasta este momento sólo había visto de lejos. Con mucho cuidado de no ser visto por los guardias que rodeaban el palacio, fuí dando la vuelta a la gran muralla esculpida que circundaba el espléndido edificio. Ensimismado, contemplaba los maravillosos jardines que se vislumbraban a través de la muralla, cuando de pronto noté que en uno de los cincelados muros había una apertura natural formada por el mismo relieve. Sin pensarlo dos veces me introdujé por este boquete, encontrándome de inmediato en el jardín.

Escondiéndome detrás de los perfumados arbustos fuí atravesando el jardín, manteniéndome siempre lo más cerca posible de la muralla por si me era necesario escapar de repente. Al cabo de un rato de esta maniobra alcancé a percibir un aroma delicioso que provenía de uno de los lados del edificio. Tirando mi precaución a los cuatro vientos, me dejé llevar por el olfato hasta llegar a la puerta lateral de la cocina del palacio. Casi desmayado del hambre, estiré la mano para abrir la puerta cuando esta se abrió de repente y me encontré frente a frente a un hombre alto, de faz imponente y barba gris.

La súbita aparición me dejó paralizado de terror y allí me hubiera quedado si una mano firme no me hubiera agarrado por el pescuezo metiéndome rápidamente dentro del palacio. Cuando por fin recobré mi presencia de ánimo me encontré dentro de una despensa plena de alimentos de todas clases. El hombre que allí me introdujo se presentó a sí mismo como Sidhartha, el cocinero en jefe del palacio. Me dijo que mi osadía me pudo haber costado la vida si los soldados que guardaban el palacio me hubieran encontrado. Cuando le pregunté a que casta pertenecía, ya que había tocado a un paria, a un intocable, me dijo que era un vaisya, miembro de la tercera casta, pero que el sistema de castas no significaba nada para el ya que había abandonado la religión Hindú por la del Budismo.

"Las castas sólo son reconocidas por el Hinduismo," me dijo. "Pero yo sigo las enseñanzas de Buda, el gran iluminado que fundó la nueva religión llamada Budismo."

"¿Qué clase de religión ignora las castas y hace iguales a un vaisya y a un paria?" le pregunté.

"La religión que enseña que todos los seres humanos somos iguales, que no hay nadie mejor que nadie," me contestó Sidhartha.

"¿Ni siquiera la casta superior de los bramanes?" pregunté asombrado.

"Ni siquiera ellos," me aseguró mi nuevo amigo.

En el curso de la conversación que siguió me dijo que el Buda, nombre que significa el iluminado, se había llamado Sidhartha igual que el, pero que había sido un príncipe con el titulo de Gautama. Sidhartha Gautama había abandonado su palacio, a su esposa e hijo, para buscar la verdad, la cual había encontrado sentado debajo de un árbol de ciruelas. A través de esta iluminación había percibido que todos los problemas y sufrimientos de esta vida son causados por la avaricia, la envidia y el egoísmo. Desde ese momento predicó la bondad, la igualdad de los seres humanos y la verdad. Según Buda, para ser feliz es necesario olvidarse de si mismo y vivir para servir a los demás. Solo de esta manera se puede llegar al estado de paz y felicidad perfecta llamado nirvana, si no en esta existencia en otra, ya que según Buda cada ser humano pasa por una serie de vidas o encarnaciones a través de las cuales se purifica hasta alcanzar nirvana.

Las enseñanzas de Buda, escuchadas de labios del cocinero Sidhartha, trajeron a mi ecos tenues de otras enseñanzas que ya había olvidado. Sabía que había escuchado algo parecido siendo niño, pero no podía recordar donde ni quien me había impartido la enseñanza. Las voces de Joab y Jeremías hacía tiempo habían desaparecido de mi entendimiento.

Mi condición de intocable y la situación desesperada de mi familia conmovió el corazón de Sidhartha, el cual llenó mi zurrón de ricos manjares instándome a que regresara al otro día, pero no a la cocina de palacio, sino al otro lado de la bahía, donde el estaría esperándome con una nueva provisión de víveres.

Cuando llegué a mi casa cargado de golosinas mi madre y mis hermanos se llenaron de gozo. Hacia tanto tiempo que apenas teníamos que comer que el inesperado banquete nos pareció cosa de ensueño.

Al otro día acudí al sitio indicado por Sidhartha y al poco rato de estar esperando llego el cocinero cargado de comestibles y toda clase de delicadezas. Después de saludarle afectuosamente, nos sentamos cerca del agua y Sidhartha procedió a continuar la instrucción Budista que había comenzado el día anterior.

Durante varios meses continúe acudiendo diariamente a encontrarme con mi benefactor, a recibir no solo pan para el cuerpo sino también para el espíritu. Cada día iba asimilando mas hondamente las bellas enseñanzas de Buda y aceptando la hermandad de los seres humanos y la importancia de sacrificar por los demás. Ya mi triste condición de paria no me importaba porque sabía que era solo parte de mi karma, de una prueba por la cual tenía que pasar mi espíritu, de una lección que tenia que aprender. Ya esta vida pasaría y vendrían otras nuevas durante las cuales seria recompensado por mis sufrimientos y mis buenas obras.

El buen alimento que por fin estábamos consumiendo y las medicinas que pude comprar con el dinero que de vez en cuando me daba Sidhartha, ayudó a mejorar la enfermedad de mi madre y a poner un poco de color en las mejillas de mis hermanos. Pero nada en la vida es duradero y algo dentro de mi corazón me avisaba que esta situación ideal iba a terminar de un momento a otro. No sé por qué sabia esto, pero muchas veces de noche me despertaba en la esquina del piso que compartía con mis hermanos, mi cuerpo anegado en un sudor frío, mi corazón latiendo violentamente. Tan seguro estaba de que algo iba a suceder, que me dió con acumular comida. Todos los días, de los víveres que me proveía Sidhartha, guardaba una parte en una alacena improvisada en una esquina de la habitación. Mi actitud hacia sonreír a mi madre que me acusaba de ser excesivamente cauteloso, pero de vez en cuando vislumbraba una expresión de ansiedad en su rostro emaciado.

Y un buen día, tal como lo había estado presintiendo, la efímera seguridad que nos había rodeado con la ayuda constante de mi leal amigo, fué totalmente destruida al ser invadido el reino de Kalinga por las fuerzas avasalladoras del emperador Asoka, quien había dominado a toda la India por cerca de trece años con el imperio de los Mauryas.

El ataque de Asoka fué tan brutal que en pocas horas dejó al gran reino de Kalinga en ruinas humeantes. Por varios días me mantuve encerrado en nuestra casucha junto a mi madre y hermanos, escuchando a nuestro alrededor los gritos desesperados de los infelices que habían perdido sus pocos bienes en la desigual lucha. Por primera vez me alegré de pertenecer a la casta de los parias, ya que los invasores, pertenecientes a las altas castas de los brahmanes y los kshatriyas, ignoraron del todo la parte de la ciudad donde habitaban los intocables.

La prevención de haber guardado comida en la expectativa de una tragedia salvó nuestras vidas durante esos primeros días. Al cabo de una semana, viendo que nuestras provisiones comenzaban a amainar, decidí salir a buscar comida. Mi esperanza era que el palacio aún estuviera intacto y que Sidhartha continuara como cocinero en el. Siguiendo la sugerencia de mi madre, llevé conmigo a mi hermano Parsis, que a pesar de que solo tenía seis años de edad, era muy despierto y había asimilado muy bien las enseñanzas Budistas que yo le había impartido junto a mis otros hermanos. Parsis no sabía que existían castas en la India ya que yo me había jurado a mi mismo salvar a mis hermanos del estigma de nuestra raza a través de la religión de Buda.

La desolación que encontré al salir de mi casa fué mucho mayor de lo que había imaginado. De la hermosa y próspera ciudad que había sido Kalinga no había quedado nada, solo escombros. A nuestro paso a través de la ciudad en ruinas, encontramos toda la destrucción que es parte intrínseca de toda guerra. Cuerpos calcinados por el fuego de la batalla, niños perdidos clamando por sus madres, madres desesperadas clamando por sus hijos, hambre, angustia, y pestilencia, todo en conjunto azotaba los sentidos.

Aterrado ante tan terrible espectáculo, decidí ir hasta el palacio con la esperanza de encontrarme de nuevo con Sidhartha. A nuestro paso no encontramos señal alguna del invasor, y ya empezaba a alimentar la esperanza de que se hubieran marchado, cuando vislumbré a lo lejos las murallas del palacio real de Kalinga y a su alrededor el ejercito de Asoka. Esta suposición la basé en el hecho de que los soldados no pertenecían a la guardia real de Kalinga y que nunca antes los había visto.

Poco a poco me fuí acercando a los soldados, mi hermano Parsis agarrado de mi camisa. Estaba seguro de que nuestra corta edad nos salvaría de ser atacados y el hecho de ser intocables tal vez les conmovería a darnos alguna limosna. Cuando estuve a cierta distancia noté que frente al palacio estaba la figura imponente de un hombre, vestido con un traje fastuoso de brocado dorado.

"Debe ser Asoka," le dije en voz baja a Parsis. "Seguro que ha decidido apropiarse el palacio real. Por eso no lo ha destruido."

"Crees que Sidhartha aun vive?" preguntó mi hermano.

"No lo sé, pero lo dudo," le contesté entristecido. "No creo que Asoka haya dejado vivo a nadie que habitara en palacio."

"Debe ser muy poderoso," dijo Parsis. "Nunca he visto vestuario como el suyo. Crees que nos dé alguna limosna si nos acercamos?"

Yo, que sabia que un intocable no podía acercarse a un miembro de la casta superior de los brahmanes bajo pena de muerte, moví la cabeza rechazando la idea. Pero Parsis no sabia lo que era el sistema de castas ni que tanto el como yo éramos miembros de la casta mas despreciable de la India.

"Voy a pedirle limosna," me dijo de repente. "Estoy seguro de que no me la negará."

Antes de que pudiera detenerlo, soltó mi camisa y salió corriendo hacia el grupo de soldados en el medio del cual estaba Asoka.

"No, Parsis, espera!" grité aterrado, sabiendo lo que esperaba a mi pequeño hermano si se acercaba demasiado al emperador. Pero Parsis ignoró mi llamada y continuó corriendo. Desesperado, salí corriendo detrás de el y apenas había llegado a su lado cuando mis peores temores se vieron confirmados.

Mi inocente hermano, sin tener una mínima idea de la destrucción que estaba a punto de envolverlo, llegó junto al invasor y extendiendo una pequeña mano, levantó la punta de su túnica y la llevó a los labios. En esos mismos instantes, llegué yo a su lado.

Todo lo que sucedió después pasó como en un sueño. El emperador se volvió a mirarnos, y su rostro palideció primero y luego se tiñó de púrpura. Los soldados a su alrededor, que no tuvieron tiempo de detener a mi hermano, sacaron los sables de sus vainas pero no se atrevieron a usarlos. Asqueados, se hicieron atrás.

Asoka nos envolvió en la llamarada hirviente de sus ojos enfurecidos.

"¡Atrás, bestias!" gritó, desenvainando su sable. "¡Cómo os habéis atrevido a poner vuestras manos impuras sobre mi persona! Por vuestra culpa estoy tan corrupto como vosotros y tengo que pasar por el ritual de purificación antes de poder tocar a alguien de mi casta. ¡Preparáos a morir!"

Antes de que el sable de Asoka cayera sobre nuestras cabezas, me adelanté y me interpuse entre él y mi hermano.

"¡Perdón, Majestad!" grité despavorido. "No supe lo que hacía. Mi hermano no es culpable. Fui yo el que toqué a vuestra majestad, no él!"

Asoka detuvo la caida del sable y me contempló enardecido.

"Así que admites haberme tocado," rugió. "¿Por qué te atreviste a hacerlo sabiendo que soy un braman?"

"Porque tenía hambre," balbuceé aterrado. "¡Olvidé vuestra casta!"

"Ya te haré recordarla," gritó Asoka, levantando el sable de nuevo. "¡Extiende tus manos!"

Temblando como un azogado extendí mis brazos. Asido a mí, Parsis sollozaba despavorido.

El sable cayó como una media luna de plata y una fuente de sangre surgió del lugar donde minutos antes habían estado mis manos. Entre sueños escuché un grito de horror salir de la garganta de Parsis.

"Fuí yo, señor, fuí yo!" gritó, temblando de miedo. "No fué mi hermano, fuí yo quien os tocó! ¡Cortadme a mi también las manos!"

Asoka nos contempló a los dos, y su rostro enjuto palideció levemente.

"¿Es cierto que no fuiste tu quien me tocaste?" me preguntó.

Yo había caído de rodillas a sus pies. Mis brazos estaban adormecidos del codo hacia abajo. No sentía dolor alguno pero la perdida terrible de sangre junto a mi pobre nutrición comenzaban a nublarme la vista.

"No, majestad, no fui yo," le dije, apenas consciente. "Pero mi hermano es inocente. Nunca nadie le ha enseñado la diferencia de castas. Solo conoce las enseñanzas de Buda donde todos somos iguales. Por eso se atrevió a tocaros. Para él todos somos hermanos y la bondad y la compasión rigen el corazon humano. Perdonádle, por piedad!"

Entre sueños escuché a Asoka llamar a sus soldados.

"¡Pronto, que alguien estanque su sangre!. ¡Llamad a mi médico de cabecera!"

Pero nadie se movió para obedecerle. Yo continuaba siendo intocable y ningún miembro de una casta superior iba a tocarme ni a salvar mi vida.

Asoka se volvió hacia mi hermano.

"¡Ayúdame tú,!" le gritó. Con ayuda de su sable aún enrojecido con mi sangre, cortó varios pedazos de su túnica y con ellos él y Parsis envolvieron las extremidades de mis pobres brazos, estacando el flujo de la sangre.

Una vez que hubo terminado de vendar mis brazos, ante los ojos asombrados de sus soldados, el feroz emperador Asoka se arrodilló a mi lado y colocó mi cabeza sobre sus piernas.

"Perdóname," me dijo con voz temblorosa. "Perdóname. Eres un niño apenas y sin embargo me has enseñado la lección del perdón y del sacrificio."

"Perdóname tú a mí," le contesté. "En otra existencia te hice mucho daño y te quité la vida. Ahora que estoy de nuevo en el umbral de la eternidad lo recuerdo todo. No te amargues por lo que ha sucedido. Fué un karma que tuvimos ambos que cumplir. Sólo prométeme que velarás por mi madre y mis hermanos."

"Te lo prometo," me dijo emocionado. "Y te prometo que seguiré las enseñanzas de Buda el resto de mi vida."

Esas fueron las últimas palabras que escuché en mi segunda existencia en Terra.

Capítulo 8

❧ ❧

Verdigris

Chandra fue la más dolorosa y la más iluminadora de todas mis existencias. Por primera vez tuve el esclarecimiento espiritual de recordar otras vidas estando aún encarnado en la materia. Tirado entre los escombros de Kalinga, mi cabeza acunada en los brazos de Asoka, sentí cómo mi vida se me iba junto a la sangre que manaba como un manantial de mis brazos heridos. Y en esos momentos todas mis existencias anteriores iluminaron mi conciencia con destellos divinos. Recordé claramente mi existencia como Alejandro de Macedonia y los crímenes que me habían condenado a mi terrible vida como Chandra. En esos momentos en que agonizaba, percibí al alma de Asoka como el que había sido en mi última existencia mi general Parmenión, a quien había mandado a asesinar a mansalva. A mi hermano Parsis, por quien sacrifiqué mi vida, lo reconocí también como al que anteriormente había sido mi amigo Cleito, a quien maté en un momento de locura a pesar de que había salvado mi vida durante una de mis batallas.

Junto a este despertar del alma tuve la realización de que por primera vez durante todas mis existencias había llevado a cabo la misión que me había sido asignada y había aprendido la lección de esa vida. Una gran paz y una alegría infinita invadió a mi espíritu porque comprendí que al fin podría encontrarme con Verdigris.

En esa exuberancia espiritual entregué mi alma al cosmos. Rápidamente me sentí llevado en alas de una fuerza indescriptible hacia regiones jamás antes conocidas. Cuando recobré mi conciencia estaba en un inmenso anfiteatro formado por los rayos de un gigantesco arcoiris cuyos colores vibrantes se extendían hacia el infinito.

En toda aquella inmensidad sólo habían dos figuras de luz, Joab y Jeremías. Mi espíritu se llenó de gozo al percibir a mis bien amados guías y su gran amor llegó a mí envolviéndome como una ola fragante de pureza.

"¡Enhorabuena!" me dijeron al unísono. "Has vencido por fin a la materia!"

Frente a ellos, temblando de alegría, les pregunté por qué no estaba en el vestíbulo de las almas. Me contestaron que al haber completado por fin mi misión, no tenía necesidad de pasar por este sitio a donde las almas sólo iban a descansar y a recibir instrucciones para su evolución espiritual.

"¿Y ahora, qué sucede ahora?" quise saber.

"Ahora viene tu más grande prueba," me contestó Jeremías. "Debes regresar a Terra donde te encontrarás por fin con Verdigris."

La felicidad que anegó a mi alma me hizo casi desfallecer.

"Verdigris! Voy a encontrarme con Verdigris. Qué dicha sin nombre estar de nuevo unido con Verdigris!"

"¡Espera!" me dijo Joab gravemente. "Jeremías no ha hablado de unión, sólo de encuentro."

"¿Qué diferencia existe?" le pregunté. "¡Acaso nuestra unión no es parte de ese encuentro?"

"No," me contestó Jeremías. "La unión con Verdigris os separará para siempre. La separación de Verdigris os unirá por toda la eternidad. Esta puede ser la última de tus existencias. Si pasas esta prueba final estarás por siempre unido a Verdigris quien es la otra mitad de tu alma. Ahora estáis ambos incompletos y un alma incompleta no puede formar parte del grupo de las grandes almas que sirven al Creador. Es imprescindible que no falles en esta prueba, ni que incites a Verdigris a fallar. Verdigris siempre seguirá el sendero que tu traces. Recuérdalo siempre. Es pues una gran responsabilidad a la que te enfrentas. De ganar esta batalla final tendrás la felicidad eterna, de perderla tendrás que comenzar de nuevo, desde el principio."

"No comprendo," les dije, atormentado. "¿Cómo la separación puede traer unión y la unión separación? No existe la lógica en estas palabras."

La luz que rodeaba a mis guías parpadeo súbitamente y los rayos fulgurantes que los rodeaban tomaron los colores iridiscentes del arcoiris. Atemorizado ante esta inesperada transformación me eché hacia atrás tembloroso.

"No temas," me dijo Joab suavemente. "Has hablado de lógica, un concepto humano que sólo existe en Terra. El espíritu sólo debe asimilar las enseñanzas que recibe en sus encarnaciones, nunca confundir las falsas apariencias materiales con la verdad del alma. Has visto que la luz que nos rodea se ha transformado en los colores del arcoiris. Eso significa que ha habido una división en la luz, una refracción que la ha dividido en los colores del espectro solar. Este es un fenómeno terrestre, es la separación de la unificación de la luz. Por eso en la materia existen los colores porque no existe la unificación de la luz ya que esta ha sido dividida. Es esto lo que tienes que aprender.

Durante esta última existencia tienes que llevar la luz divina a la humanidad. Para lograrlo tienes que mantenerte separado del mundo, incluso de Verdigris. Tu unión con Verdigris antes de tiempo va a ocasionar una refracción de vuestra luz, una separación de sus elementos."

"¿Cómo puedo yo, tan pequeño, llevar la luz divina a Terra?" pregunté.

"¿Recuerdas las enseñanzas de Buda, las cuales aprendiste en tu existencia como Chandra?" preguntó a su vez Jeremías.

"¿Sí, como podría olvidarlas?"

"Buda es una de las grandes almas que sirven al Creador," me dijo Jeremías. "Su misión en Terra fué llevar la lección del amor, la hermandad, la bondad y la compasión a la humanidad. Ese mensaje universal pasó a ser parte de las enseñanzas de otras grandes almas que esparcieron esa verdad divina por todo el planeta Terra. Entre estas grandes almas la más luminosa y pura extendió su mensaje de amor en todos los ámbitos del planeta, sacrificando su vida material de la forma más dolorosa. Para que los ecos de ese mensaje no sean ahogados entre los placeres y vicios mundanos, es necesario que otras almas bajen a Terra a iluminar con sus vidas puras el recuerdo de esa otra vida que fue sacrificada por amor al Creador y a Terra."

"¿Es ésa entonces mi nueva misión en Terra?" pregunté.

"Sólo si estas dispuesto," me dijo Joab. "El alma tiene que aceptar las existencias que se le ofrecen porque una de las principales leyes del Cosmos es la del libre albedrío."

"Estoy dispuesto," contesté. "Pero no sé si voy a poder resistir de nuevo la fuerza de la materia o la unión con Verdigris."

"Esa es parte de tu prueba," interpuso Jeremías. "Conocemos la fuerza de la materia. Sólo enviándote en esta misión sabremos si has aprendido del todo la lección del sacrificio que enseñó Buda y que ahora vas a encontrar de nuevo en las enseñanzas del maestro más grande de todos."

"¿Quién fué éste maestro?" pregunté curioso.

"Se llamó Jesús," me dijo Jeremías.

Poco después de haber recibido estas instrucciones de mis guías, me encontré de nuevo en Terra. Esta vez las voces de Joab y Jeremías no se dejaron sentir durante mi infancia. Crecí como un niño normal, sin tener ecos algunos en mi conciencia de las instrucciones recibidas de mis guías.

En contraste con mi anterior encarnación, mi nueva vida estaba llena de comodidades y lujos ya que había nacido en el seno de una prospera familia de mercaderes de tela. Mi juventud siguió a mi infancia, siempre rodeado de todo lo que deseaba. Siendo de un temperamento amable y alegre a la vez, tenía muchos amigos los cuales me acompañaban en todas mis inocentes francachelas.

A pesar de todo el dinero que poseía mi padre, nunca fuí aceptado entre los miembros de la nobleza los cuales despreciaban mi falta de abolengo. Desde temprana edad el deseo de cubrirme de gloria en batalla obsesionó mi mente. Llevado por este deseo fatuo, me uní a uno de los ejércitos que defendían mi ciudad natal cuando esta fué invadida por nobles de otra ciudad vecina. Esta era la Italia medieval donde la guerra entre vecinos era la forma normal de vida.

Esta primera batalla sólo me trajo fracaso ya que mi ciudad fué vencida por los invasores y yo fuí prisionero por más de un año. Al salir de la prisión, decidí unirme a una expedición militar que iba a defender los derechos del papa contra el de un advenedizo. Pero la noche antes de salir de viaje tuve un extraño sueño donde escuché una voz que me instaba a regresar a mi ciudad natal.

Obedeciendo a esta revelación regresé a mi casa. Unos días más tarde, caminando solo por la campiña, llegué hasta una pequeña capilla medio destruida que se alzaba como el nido de un pájaro entre la espesura. Cautivado por la belleza del lugar entré a la capilla. Una vez adentro alcancé a ver en la semipenumbra un viejo crucifijo que colgaba de una de las raídas paredes. El crucifijo llamó grandemente mi atención a pesar de que no tenía nada fuera de lo corriente. Cuando me acerqué a mirarlo más de cerca, los ojos del Cristo me observaron fijamente y escuché una voz en mi interior que me dijo, "¿No ves cómo está mi casa destruida? Vuélvela a levantar!"

Temblando como un azogado salí corriendo de la capilla y no paré hasta llegar a mi casa. Pero esa noche volví a tener la visión del crucifijo y la voz, que esta vez sabía era la de Jesús diciéndome, "Mi casa está destruida. ¡Vuélvela a levantar!"

Al otro día, recordando lo vivido del sueño, regresé a la capilla. Esta vez no sentía el más mínimo temor, sino un sentimiento de gran exaltación, como si estuviera cerca a mi destino. Una vez en la capilla me volví a acercar al crucifijo.

"Señor mío Jesucristo," rece. "Si la visión que he tenido no es imaginación ni fiebre, dejádmelo saber. Yo estoy dispuesto a serviros con todo mi corazón si así lo queréis de mí."

Con más fuerza que antes me llegó la voz amada de Cristo que una vez más me instaba a levantar su iglesia. Sin tener ya la más mínima duda de la veracidad de la revelación me entregué de lleno desde ese momento a reconstruir la capilla. Como no tenía dinero propio, regresé a la casa de mi padre de donde saqué una gran pieza de brocado rojo. La llevé a otro poblado donde la vendí por buen dinero y regresé con la bolsa llena a la capilla donde entregué el dinero al anciano sacerdote que la atendía. Pero éste, que me reconoció en el acto como el hijo de uno de los mercaderes más ricos de la ciudad, se negó a aceptar la bolsa.

"Ese dinero pertenece a vuestro padre," me dijo."No puede ser usado para reconstruir la casa de Dios."

"Tenéis razón, buen abad," le contesté. "No había pensado en eso. Ya encontraré la forma de levantar la iglesia sin necesitar del dinero de mi padre."

Tiré en un rincón la bolsa con el dinero y me quedé a vivir en la capilla. Pero mi padre, que ya se había enterado de mi acción, me llevó frente a los tribunales eclesiásticos insistiendo que le devolviera su dinero. El obispo de mi ciudad que ya sabía las razones por las cuales yo había vendido la tela, me pidió que le devolviera el dinero a mi padre. Sin ningún resentimiento en mi corazón, llena de paz mi conciencia, me levanté de mi asiento y enfrenté al obispo.

"Tenéis razón Excelencia," le dije. "Y tiene razón mi padre al exigir su dinero. No sólo esa tela le pertenecía, sino también esta de la cual están hechas mis ropas. Desde este momento, sólo reconozco a Dios como mi padre."

Delante del tribunal eclesiástico me quité toda la ropa hasta quedar enteramente desnudo. Mis ropas, y la bolsa con el dinero de la tela que había vendido, las deposité a los pies de mi padre. Éste quedó allí con la cara pálida de ira, viendo cómo el obispo me cubría con su manto para ocultar mi desnudez.

Una vez fuera del tribunal uno de los jardineros me regaló una túnica de saco, a la que marqué con una cruz blanca para indicar mi entrega total a Cristo. Una soga atada a la cintura, unas burdas sandalias y una capucha también de saco, fueron desde ese momento toda mi vestidura. Recordando la pobreza de Jesús, y su exhortación a sus discípulos a que vivieran de la caridad ajena, abracé para siempre la pobreza como la más bella de las novias.

Pero no había olvidado la promesa que le había hecho a Jesús de reconstruir la capilla. Sin dinero para lograrlo, me dediqué a mendigar en las esquinas pidiendo ladrillos y mortero para la construcción. Mi total devoción atrajo a mí otras almas deseosas de entregarse a Cristo y pronto fuimos una pequeña banda de misioneros de la pobreza y de la paz. Entre todos, trabajando de noche y de día, levantamos de nuevo la pequeña capilla conocida como la iglesia de San Damián.

Qué dulces fueron para mí esos días, y cómo llenó mi corazon el amor de Jesús y la fe en Dios Creador. Otras iglesias fueron también por nosotros reconstruidas y pronto nuestro pequeño grupo fue bautizado por mí como los Frailes Menores, ya que éramos los más humildes. Pero a pesar de mi gran adoración a Jesús y a su iglesia, jamas fuí consagrado sacerdote y cuando unos años más tarde fui con mis hermanos frailes a Roma a pedir el reconocimiento del papa, me sorprendió el que ya hubiera oído hablar de mí y de los otros frailes.

Cuando regresé a mi ciudad natal junto a mis compañeros, fuí invitado a predicar en la catedral por el obispo, que me quería mucho. Esa noche, después de haber predicado ardorosamente sobre los méritos de la pobreza y el amor a Cristo, uno de mis frailes me dijo que la hija de uno de los nobles más poderosos de la ciudad deseaba hablar conmigo. Con gusto accedí a esta entrevista ya que nada me satisfacía más que tratar de llevar la palabra de Dios a los poderosos con la esperanza de que comprendieran lo inútil de los bienes terrestres.

Pocos minutos más tarde el fraile regresó acompañado de una bella joven de unos dieciocho años, vestida con toda la pompa y el lujo de su clase. Me puse de pie para recibirla y extendí mi mano para tomar la que ella me extendía. Pero no alcancé a tocarla. Una luz deslumbrante se interpuso entre nosotros y de repente escuché un eco lejano que me envolvió como una vorágine de fuego.

"¡Verdigris!" gritó ese eco, "¡Verdigris!"

Como una estatua de mármol de carrara quedé inmóvil frente a ella, mi mano aún extendida a pocos centímetros de la suya.

"Padre Francisco," me susurró el fraile al oído. "He aquí la señora Clara de quien os había hablado."

Capítulo 9

❦ ❧

Separación

Cómo describir ese momento en que me encontré de nuevo con Verdigris. Junto con ella me llegó de nuevo el recuerdo de mis antiguas experiencias y las palabras de mi guías. La separación, me habían dicho, era impre-scindible para la unión. ¿Pero cómo separarme de nuevo de quien era la otra mitad de mi alma?

Habiendo recobrado mi memoria cósmica también sabía que mi personalidad como Francisco de Asís era sólo un disfraz tras el cual se escondía mi espíritu, una existen-cia pasajera en la infinidad del cosmos. ¿Qué importancia tenía esta vida? Por que tenía que sacrificar mi unión con Verdigris para vivir esta encarnación oscura?

"Por Jesús," dijo Verdigris, hablando por labios de Clara de Asís. Su mano trémula encontró la mía y sus ojos de cielo dijeron a los míos que también su alma me había reconocido.

"¿Qué decís, señora?" preguntó el fraile, asombrado ante estas palabras.

Clara le envolvió en su mirada azul.

"Por Jesús," repitió, "he venido a ver al Padre Fran-cisco. Por amor a Jesús he decidido entregar mi vida a la pobreza y al sacrificio."

El fraile la miró curiosamente. El sabía, como todos

en la ciudad, que Clara era la hija mayor de los Offreducci, una de las familias más nobles y poderosas de Asís. Y era esta joven exquisita, la más bella flor de la casa de Offreducci, la que deseaba abandonar el esplendor del palacio de sus mayores para seguir el camino de Cristo.

"¿Y qué dice vuestra familia, señora?" preguntó, observando discretamente el elegante vestuario de rico brocado que vestía Clara.

"Aún no les he dicho mis planes," contestó Clara, mirándome con dulzura. "Espero que sea el padre Francisco el que decida mi destino. Yo sólo haré lo que él me indique."

Estas palabras de Clara trajeron a mi memoria algo que me habían dicho mis guías: "Verdigris hará sólo lo que tú le digas."

Mi espíritu se llenó de rebeldía. ¿Por qué tenía que ser yo quien tuviera que hacer esta dolorosa decisión? ¿Por qué era sólo mía tan terrible responsabilidad?

"Porque eres el más débil," me llegó a través del cosmos la respuesta de Joab. "La responsabilidad te hará fuerte."

"Por Jesús," volvió a repetir Clara suavemente, retirando su mano de la mía.

Y de repente llegó a mí como el despertar de un sueño el recuerdo del crucifijo en la capilla de San Damián y los ojos luminosos de Cristo al pedirme, "Levanta mi casa." Era por Jesús que tenía que vivir esta vida de sacrificio y de separación, era por amor a el y al sacrificio que había hecho por la humanidad que tenia que superarme a mi soledad y a mi amargura. Mi misión esta vez en Terra era solidificar las enseñanzas gemelas de Buda y Jesús y hacer de las dos, una sola. Vivir en pobreza, en continuo sacrificio, tal como estos dos grandes maestros habían vivido y sacrificado, pero llevando el ejemplo de Jesús, el "más grande maestro de todos," a la humanidad, reconociendo que todo en la naturaleza, en el cosmos, es uno, que la materia es una ilusión, "maya", como la había llamado el Buda. Para probar que la materia no es nada tenía que rechazar todos los bienes materiales. No para que todos siguieran mi ejemplo, sino para demostrarles a través de mi ejemplo, que el cuerpo y las cosas materiales son transitorias, que es el espíritu el que perdura eternamente. En esta singular y apoteósica enseñanza estaba encerrada la salvación del mundo. Comprendí entonces la grandeza de mi misión y la importancia de una separación material de Verdigris. ¡Qué importaba el sacrificio de una vida en Terra en comparación con una vida eterna!

"Por Jesús," dije, mirando fijamente a Clara de Asís. "Si estáis dispuesta, os diré como servirle a Dios y a Él."

Una sonrisa radiante iluminó el bien amado rostro.

"Estoy dispuesta," me contestó de inmediato. Sus ojos me dijeron que había comprendido mi decisión.

Esa misma noche Clara abandonó en secreto su casa para encontrarse de nuevo conmigo y con los frailes de nuestra congregación en la pequeña iglesia de Santa María de los Angeles. Frente al altar y en presencia de los monjes se consagró al servicio de Cristo, cambiando sus fastuosas ropas por una túnica burda de saco, una soga para la cintura y unas sandalias de cuero. Jamás regresó al palacio de sus padres, pasando el resto de su vida en la pobreza más absoluta. Toda su existencia en Terra la pasó entre las paredes de un convento, junto a otras que como ella habían decidido entregar su vida a Dios. Pero fué ella, Clara de Asís, la que el mundo reconoció como una de las almas más puras que jamas vivió en el tercer planeta.

Durante los próximos quince años llevé mi sacrificio como una bandera por todas partes. Mi pequeña banda de frailes creció como semilla fructífera en terreno fecundo, extendiendo el ejemplo de la pobreza y el amor a Cristo mucho más allá de las fronteras de Asís. A pesar de que una de las reglas de nuestra orden era la total renunciación a los bienes materiales y la obligación de mendigar por nuestra comida, miles de hombres jóvenes, de todas clases sociales, se unieron a nuestras filas.

Mi dedicación a las enseñanzas de Jesús creció a través de los años. Su gran humildad y aceptación de la voluntad divina fueron las más valiosas lecciones que aprendí en Terra. Con Él aprendí que el cuerpo jamás debe dominar al espíritu y que por más largo que el tiempo nos parezca en Terra, su duración es como un grano de arena comparada con la eternidad del alma. Por eso Jesús pudo resistir tan terribles pruebas. Porque Él sabía que su duración era momentánea y los dolores ilusorios como son ilusorios el placer y la materia. Al tener completo control sobre el mundo material, Jesús tuvo poderes sobre éste. Todos los milagros que llevó a cabo fueron para Él solamente acciones naturales debido a su conocimiento de la naturaleza y de sus leyes.

Tan pronto comprendí estas cosas, me entregué al estudio de la naturaleza e inicié una identificacion completa con todas sus manifestaciones. Tanto el sol como la luna, el aire como la tierra, el fuego como el mar y el río, todo en la naturaleza fué para mí una expresión de Dios, del Creador. Todos eran mis hermanos porque todo en Terra es parte de una fuerza única y unificante. Cuando este concepto de unidad universal iluminó mi cerebro, pude efectuar transformaciones materiales como Jesús llevó a cabo. Mi espíritu se identificó con Él de tal manera que en mi cuerpo, mis pies y mis manos surgieron de repente las señales de la estigmata, las heridas que recibiera durante su martirio.

Para los frailes la estigmata fué señal de mi santificación. Pero en realidad no fué otra cosa que una unificación con Jesucristo.

Mi vida en Terra como Francisco de Asís fué la más feliz y la más completa de todas mis existencias. Verdigris—Clara de Asís—siempre estuvo conmigo en espíritu. Y a pesar de estar separados por la materia, nunca nos separamos espiritualmente.

El término de mi vida llegó antes de lo que esperaba. Fué como un soplo leve en el transpirar de un instante. Cuando por fin yacía en mi lecho de muerte, rodeado del llanto de mis frailes, di gracias al infinito por la gloria de la creación y por el regalo de la vida y de la eternidad. Lleno de regocijo, pedí a mis frailes que me llevaran en andas hasta el convento de Clara. Cuando estuvimos de nuevo frente a frente, sus ojos llenos de luz me abrazaron con toda la inmensidad de su amor eterno.

"Hemos vencido!" le dije alborozado.

"Por Jesús!" me contestó.

Capítulo 10

❧ ❧

Unión

Tan insignificante es el concepto del tiempo en la eternidad del espíritu que a pesar de que en mi identidad como Francisco de Asís dejé a Terra veintisiete años antes que Clara, nuestros espíritus llegaron frente a Joab y Jeremías en el mismo instante.

La felicidad que vislumbré en los rostros de nuestros amados guías era más grande aún que la que brillaba en nuestras almas.

"¡Cuánto tiempo habeis tenido que esperar y cuantas vidas habéis tenido que vivir antes de encontraros aquí en la eternidad!" exclamó Jeremías.

"Comprendo ahora que fué necesario," dije, sintiendo mi alma rebosar de una gran serenidad. "Fué mucho lo que tuve que aprender y mucho lo que mi alma tuvo que purificarse antes de encontrar la verdad."

"¿Y cuál es tu verdad?" me preguntó Joab, su aura luminosa destelleando suavemente.

"La unificación de todas las cosas," le contesté. "Sólo existe una verdad y un todo en infinidad de manifestaciones."

"¿Sabes quién eres?" me preguntó Joab.

"Soy el alma del universo, el átomo del cual todo esta formado," le contesté.

"¿Y quién es Verdigris?" me preguntó Jeremías.

"Yo soy Verdigris," le dije.

"¿Y sabes dónde estuvo Verdigris todos estos siglos?" me preguntaron al unísono.

"Estuvo siempre conmigo," les contesté. "Pero yo estaba tan ciego que nunca pude percibir su esencia. Fué en Asís que pude por fin percibirla. Pero para lograrlo Verdigris tuvo que separarse de mí por primera vez. Solo separándose de mi pude reconocerla. Y solo a través de Jesús pude comprender lo ciego que había estado."

"La luz está por fin contigo," dijeron los guías. "Por fin eres uno."

Todos los colores espléndidos del arcoiris que formaba el anfiteatro donde me encontraba se fundieron en uno creando una sola luz de una blancura deslumbrante. Me sentí arrastrado hacia el centro de esa luz por una fuerza irresistible, y de pronto mi espíritu fué esa luz. Miles de campanas cristalinas en un repicar glorioso sonaron en mi alma. Mi ser se distendió hasta el infinito en una ola de amor indescriptible y a la vez se contrajo hacia el interior del átomo que es la base del universo. Por un instante glorioso sentí a Verdigris palpitar en mí y luego una paz indescriptible invadió a mi espíritu. ¡Por fin era uno!

Mi alma purificada ascendió rápidamente al trono del Creador. Allí, en círculos concéntricos de un fuego cristalino, las almas sublimes se encontraban en unión a Él. Seres que vivieron existencias plenas de amor y sacrificio en todo el universo estaban ahora allí unidas en el fuego divino que es el alma del Creador. Entre ellas, reconocí dos al instante, el alma deslumbrante de Buda y la gloria majestuosa de Jesús.

Al llegar a este ámbito de celestial belleza mi espíritu pasó a formar parte inmediata de las almas que allí estaban reunidas en felicidad eterna. ¡Cómo describir este sentimiento inefable! ¡Cómo expresar lo inexpresable!

"¡Kirkudian! ¿Eres feliz por fin?" escuché la voz bien amada de Joab.

"¡Infinitamente!" respondí.

"Vén entonces, para que veas otros planos donde esa felicidad no existe," me dijo Joab.

Y rápidamente descendimos hacia los planos internos. Atrás quedo la luz fulgurante de la felicidad que Buda llamó nirvana. A nuestro alrededor la luz fué perdiendo sus destellos y refractándose en infinidad de colores extraños, jamás antes vistos. Cada plano tenía una visión distinta y habitantes diferentes. Los planos más elevados estaban habitados por seres evolucionados pero aun faltos de integración. Solo tenían un concepto intelectual de su existencia, sin reconocer la presencia del espíritu.

Los planos inferiores estaban habitados por seres infelices, llenos de sentimientos adversos y destructivos. La luz estaba tan opaca en estos ámbitos que apenas era percibida. Las vibraciones en estos planos eran tan densas que absorbían toda la luz emitida por nuestros espíritus. ¡Cuántos gemidos y alaridos de terror escuchamos en estos recintos tenebrosos! ¡Cómo se estremeció mi espíritu ante tanta desgracia y destrucción espiritual!

"¿Por que me habéis traído aquí?" pregunté al fin, horrorizado. "¡Mi espíritu se siente herido ante tan gran destrucción!"

"Porque eres un alma aun joven," me dijo Jeremías. "Apenas has completado la integración de tu esencia. Te llevamos a la luz del Creador sólo para que sintieras su

Presencia. Ésa es la promesa que Él hace a sus elegidos. Pero es necesario que aprendas a usar tu luz para iluminar a los que están en la oscuridad y a guiar a los que están buscando el camino. Cada vez que necesites luz asciende al Creador. Y luego baja de nuevo a continuar su obra. Ese es el trabajo común de todos los grandes espíritus."

"¿En que puedo ayudar yo?" respondí de inmediato.

"Sirviendo como luz, como guía al que te necesite, dando esperanza al que esta perdido, inspiración al que esta caído," dijo Joab.

"¿Aquí?" pregunté.

"Aquí o donde quieras," interpuso Jeremías. "Puedes escoger tu campo de trabajo en cualquier parte del universo. Si deseas, puedes regresar a servir de guía en cualquiera de los planetas donde evolucionaste, o si prefieres puedes ir a sitios nuevos donde jamás has parado. Eres tu quien decide ya que es tu libre albedrío el que rige tu alma."

"Si es así escojo a Terra," dije sin pensarlo un momento. "Fué donde mas sufrí y donde por fin me encontré a mi mismo."

"Terra es un planeta muy afligido," respondió Joab. "Su evolución es muy rápida y peligrosa. Puedes hacer mucho bien allí. Tal vez como mensajero del dolor, tú que tanto has sufrido. Junto con el dolor puedes llevar la esperanza y el consuelo a la humanidad. ¿Te gustaría llevar a cabo esa misión?"

"No," respondí de inmediato. "El dolor no es mi mejor amigo. No quiero llevarlo a nadie."

Jeremías me miró gravemente.

"El dolor es necesario para la evolución del alma," me dijo. "No puedes ignorarlo ni rechazarlo."

"No es mi intención rechazarlo," le contesté. "Pero no deseo trabajar con el. Me habeis dicho que puedo escoger . . . ."

"Si, puedes," me dijo Joab. "¿Hay algo que deseas hacer?"

"La inspiración," le contesté. "Quiero ayudar a la humanidad inspirándolos a levantarse sobre sus miserias, instándolos a realizar sus mas caros deseos!"

"Sea pues," dijeron los dos guías al unísono. "Esa es tu misión en Terra desde este instante. Nadie te va a indicar a los seres que tienes que ayudar. Esa es tu decisión. Pero escoge bien y haz tu trabajo con esmero para que esos planos inferiores que tanto te horrorizaron no reciban más habitantes."

Hace mucho tiempo que empecé mi misión en Terra. Ya os conté mi primer caso, la inolvidable bailarina rusa Anna Pavlova. Después de ella he tenido muchos otros casos, algunos con seres atrasados y otros con seres de gran evolución espiritual.A todos los he ayudado a alcanzar sus más caras esperanzas, dándoles fe y perseverancia y la iluminación necesaria para lograr sus fines. El ser más humilde que ayudé fue a un mendigo que iluminé para que se levantara de su miseria y transcendiera la tragedia de su situación. Hoy es un próspero hombre de negocios, pero sobre todo es un espíritu evolucionado de gran visión y luz. Entre los casos ilustres estuvo un físico nuclear de nombre Einstein y un abogado hindú llamado Gandhi. Fueron casos simples porque eran seres de fe sencilla y corazones nobles. Me fue fácil ayudarlos.

Aun estoy aquí, de las Himalayas al Mediterráneo, en las latitudes norte y sur y las longitudes este y oeste. Mi espíritu exaltado se extiende como un manto protec-

tivo a lo largo y a lo ancho del planeta. Si me necesitas, llá-
mame. Estoy aquí para ayudarte. Mi luz te iluminará
siempre que me invoques. No olvides nunca mi nombre.
Yo soy Kirkudian.

Manténgase en Contacto

En las páginas siguientes Ud. hallará listados, con sus precios actuales, algunos de los libros actualmente disponibles en temas relacionados. Su distribuidor de libros los tiene ya almacenados, y tendrá a su disposición nuevos títulos en las series Llewellyn a medida que estos vayan saliendo a circulación. Sugerimos su compra. Para obtener nuestro catálogo, y mantenerse informado acerca de nuestros nuevos títulos que vayan saliendo a publicación, y aprovechar en ellos los informativos artículos y útiles noticias, le invitamos a que escriba para nuestro catálogo-revista bimensual de noticias, Llewellyn's *New Worlds of Mind and Spirit*. Una copia de muestra es gratuita, y le seguirá llegando a sus manos sin costo alguno mientras Ud. sea un cliente por correo activo. O bien, Ud. puede subscribirse en Estados Unidos y Canadá por sólo $10.00, ($20.00 en el extranjero, correo de primera clase). Muchas librerías también tienen disponibles a sus clientes nuestras series *New Worlds*. Pídalas.

Llewellyn's New Worlds of Mind and Spirit
P.O.Box 64383-330, St. Paul, MN 55164-0383, U.S.A.

Para Ordenar Libros y Cintas

Si su distribuidor de libros no tiene disponibles los libros descritos en las páginas siguientes, Ud. puede ordenarlos directamente de la casa editora mediante el envío del precio total en dinero americano, más $3.00 para franqueo y entrega por órdenes de un monto inferior a $10.00; y $4.00 por órdenes superiores a $10.00. No hay cargos de franqueo y entrega por órdenes de un monto sobre $50.00. Las tarifas de franqueo y entrega están sujetas a cambios. Entregas UPS: Despachamos a través de UPS toda vez que sea posible. Entregas garantizadas. Envíenos la dirección de su domicilio, pues UPS no hace entregas a casillas postales. La entrega UPS a Canadá requiere de una orden mínima de $50.00. Considere un plazo de 4–6 semanas para la entrega. Las órdenes provenientes desde fuera de U.S.A. y Canadá: Correo Aéreo—agregue el precio de venta al detalle del libro; agregue $5.00 por cada artículo que Ud. ordene que no sea libro (cintas, etc.); agregue $1.00 por cada artículo para correo por tierra.

Para Grupos de Estudio y Compra

Dado que existe un gran interés en discusiones de grupo y estudio acerca de la materia del tema de este libro, pensamos que debemos motivar en dichos grupos la adopción y uso de este libro en particular mediante la oferta de un precio especial por cantidad a líderes de grupos o agentes. Nuestro Precio Especial por Cantidad por una orden mínima de cinco copias del libro *Peregrinaje* es $29.85 pagado en efectivo con la orden. Este precio incluye franqueo postal y entrega dentro de los estados Unidos. Los residentes de Minnesota deberán agregar 6.5% de impuestos de ventas. Cantidades adicionales, por favor enviar órdenes en múltiplos de cinco. Para órdenes de Canadá o del extranjero, aguéguense los cargos de franqueo y entrega como se ha indicado anteriormente. Las órdenes son aceptadas con tarjetas de crédito (VISA, MasterCard, American Express). Las órdenes de cargo a tarjetas (mínimo $15.00 por orden) pueden ser hechas por teléfono mediante llamadas libres de cargo dentro de U.S.A. o Canadá llamando al 1-800-The Moon. Para contactar los servicios al cliente, llamar al 1-612-291-1970. Órdenes por correo a:

Llewellyn Publications
P.O Box 64383-330, St. Paul, MN 55164-0383, U.S.A

Todos los precios están sujetos a cambio sin aviso previo.

THE COMPLETE BOOK
OF AMULETS & TALISMANS

Migene González-Wippler

The Pentagram, Star of David, Crucifix, rabbit's foot, painted pebble, or Hand of Fatima ... they all provide feelings of comfort and protection, attracting good while dispelling evil.

The joy of amulets and talismans is that they can be made and used by anyone. The forces used, and the forces invoked, are all natural forces.

Spanning the world through the diverse cultures of Sumeria, Babylonia, Greece, Italy, India, Western Europe and North America, González-Wippler proves that amulets and talismans are anything but mere superstition—they are part of each man's and woman's search for spiritual connection. This book presents the entire history of these tools, their geography, and shows how anyone can create amulets and talismans to empower his or her life. Loaded with hundreds of photographs, this is the ultimate reference and how-to guide for their use.

0-87542-287-X, 304 pgs., 6 x 9, photos, softcover $12.95

THE COMPLETE BOOK
OF SPELLS, CEREMONIES & MAGIC

Migene González-Wippler

This book is far more than a historical survey of magical techniques throughout the world. It is the most complete book of spells, ceremonies and magic ever assembled. It is the spiritual record of humanity.

Topics in this book include magical spells and rituals from virtually every continent and every people. The spells described are for love, wealth, success, protection, and health. Also examined are the theories and history of magic, including its evolution, the gods, the elements, the Kabbalah, the astral plane, ceremonial magic, famous books of magic and famous magicians. You will learn about talismanic magic, exorcisms and how to use the *I Ching*, how to interpret dreams, how to construct and interpret a horoscope, how to read Tarot cards, how to read palms, how to do numerology, and much more. Included are explicit instructions for love spells and talismans; spells for riches and money; weight-loss spells; magic for healing; psychic self-defense; spells for luck in gambling; and much more.

No magical library is complete without this classic text of magical history, theory and practical technique. The author is known for her excellent books on magic. Many consider this her best. Includes over 150 rare photos and illustrations.

0-87542-286-1, 400 pgs., 6 x 9, illus., softcover $12.95

DREAMS & WHAT THEY MEAN TO YOU

Migene González Wippler

Everyone dreams. Yet dreams are rarely taken seriously—they seem to be only a bizarre series of amusing or disturbing images that the mind creates for no particular purpose. Yet dreams, through a language of their own, contain essential information about ourselves which, if properly analyzed and understood, can change our lives. In this fascinating and well-written book, the author gives you all of the information needed to begin interpreting—even creating—your own dreams.

Dreams & What They Mean To You begins by exploring the nature of the human mind and consciousness, then discusses the results of the most recent scientific research on sleep and dreams. The author analyzes different types of dreams: telepathic, nightmares, sexual and prophetic. In addition, there is an extensive Dream Dictionary which lists the meanings for a wide variety of dream images.

Most importantly, Gonzalez-Wippler tells you how to practice creative dreaming—consciously controlling dreams as you sleep. Once a person learns to control his dreams, his horizons will expand and his chances of success will increase!

0-87542-288-8, 240 pgs., mass market $3.95

A KABBALAH FOR THE MODERN WORLD

Migene González-Wippler

A *Kabbalah for the Modern World* was the first book to present the Kabbalah from a scientific orientation and show how it clearly relates to such modern scientific models as Quantum Theory, Relativity and the Big Bang. Now this Kabbalah classic has been revised and expanded to include a larger bibliography and new section: The Kabbalah of Wisdom. This new section includes never before published information and rituals, making this fascinating book more important than ever!

This book is not merely a "magical manual." It is far more than that. It is a journey into new dimensions of being, self-discovery and spiritual development. Above all, it is a search for "devekkut," the true union with the Godhead. Reading *A Kabbalah for the Modern World* is a unique experience. You will grow inwardly as you read, as your spirit comprehends the message ... and you will never, ever be the same again.

0-87542-294-2, 304 pgs. 5-1/4 x 8, softcover $9.95

SANTERIA: THE RELIGION
Faith, Rites, Magic

Migene González-Wippler

When the Yoruba of West Africa were brought to Cuba as slaves, they preserved their religious heritage by disguising their gods as Catholic saints and worshiping them in secret. The resulting religion is Santería, a blend of ancient magic and Catholicism now practiced by an estimated five million Hispanic Americans.

Blending informed study with her personal experience, González-Wippler describes Santería's pantheon of gods (*orishas*); the priests (*santeros*); the divining shells used to consult the gods (the *Diloggún*) and the herbal potions prepared as medicinal cures and for magic (*Ewe*) as well as controversial ceremonies—including animal sacrifice. She has obtained remarkable photographs and interviews with Santería leaders that highlight aspects of the religion rarely revealed to nonbelievers. This book satisfies the need for knowledge of this expanding religious force that links its devotees in America to a spiritual wisdom seemingly lost in modern society.

1-56718-329-8, 400 pgs., 6 x 9, photos, softbound $12.95

THE SANTERIA EXPERIENCE
A Journey into the Miraculous

Migene González-Wippler

In this raw, emotional account, Migene González-Wippler reports her own encounters with Santería as researcher and initiate. You will meet extraordinary people and witness unbelievable occurrences. All are Migene's lifelong experiences with Santeria.

Explore *the truths* about this magico-religious system from the inside, as Migene reveals her childhood initiation and later encounters with the real and extraordinary powers of the babalawo (high priest of Santería). Learn of the magical practices of the santeros (priests of Santería). Learn actual ebbós (offerings and rituals) that *you* can do to enlist the aid of the African deities for specific purposes such as aura cleansing, obtaining a raise, attracting love, and more!

0-87542-257-8, 400 pgs., mass market, illus. $4.95

LEGENDS OF SANTERIA

Migene González-Wippler
Illustrated by Joseph Francis Wippler

More than one hundred million people are estimated to be involved in the cult of the orishas, or Santería. The entire religious edifice of Santería is based on the legends known as "patakís" which explain the creation of the world and of mankind. The resulting philosophy is rich in wisdom, understanding of the human condition and spiritual insight.

Here are authentic patakís about the Orishas (Santerían deities) and their interrelationships. The tales come from three eminent priests of Santería, one of whom is credited with bringing Santería to the United States. Through González-Wippler, the patakís live on, finding new listeners and tale tellers through translation into English.

These delightful stories are interwoven and, at times, overlapping. Creation, birth, battles, curses—all are played out in these tales. González-Wippler shows the reader their archetypal significance—while at the same time retaining their life and vibrancy.

1-56718-328-X, 364 pgs., 5 1/4 x 8, illus., softcover $9.95

THE TAROT OF THE ORISHAS

Created by Zolrak
Illustrated by Durkon

The Deck

This remarkable new deck employs, for the first time ever, the powerful energies of Brazilian Candomble. Candomble is the living, spiritist religion that originated with the Yoruba people of west-central Africa and is similar to Santeria in its worship of the Orixás, or Orishás. Orishás are "saints," or more accurately, "Supernatural Beings"—such as "Eleggua," "Xango" ("Chango") and "Yemanya"—archetypes of sacred, powerful, and pure energy.

"The Tarot of the Orishas" consists of of 77 breathtaking, full-color cards and is based on numerology, astrology and other branches of metaphysics. Twenty-five cards represent the Orishás, and can be compared with the major arcana of the traditional Tarot. The remaining 52 cards (or "minor arcana") are divided into four groups of 13 cards each, representing the four elements.

Here, at last, is a deck of cards that represents the magical thinking of ancient Africa. Considered by many to be far more powerful for magic and divination than the traditional Tarot, "The Tarot of the Orishas" deals with the fundamental energies of live human beings. The emphasis on the archetypes points to the role of symbols, to the spiritual realm that only symbols can describe, and through which spiritual forces can be brought to bear on mundane concerns.

1-56718-843-5, 77 full-color cards with instruction booklet in English, Spanish and Portuguese $19.95

THE TAROT OF THE ORISHAS

Created by Zolrak
Illustrated by Durkon

The Kit

"The Tarot of the Orishas" Kit comes complete with the deck and book that delves into the origins and meanings of each card. By experiencing the cards, we can bring the mysteries and myths of Africa closer to us, and in turn bring us closer to our true Nature.

The deck of cards is a digest of knowledge—in addition to having certain meanings, the cards provide lessons for our daily lives which go beyond the material world, getting to the essence of all things, "the spirit," and through the spirit, to the only Supreme Being. With the book you will learn how to use the cards for divination, magic or meditation. You will also learn three different ways to "throw the cards" to obtain information and answers to questions in an orderly, accurate manner.

This kit is for anyone interested in paranormal phenomena, for folklorists, psychologists, philosophers, anthropologists, and students and researchers on Afro-American cultures.

1-56718-842-7, Book: 300 pgs, 6 x 9, illus., softcover;
Card Deck: 77 full-color cards $29.95